AUF DEM PUNKT

Gerhard Mangott

Russland, Ukraine und die Zukunft

Aus der Reihe »Auf dem Punkt«

Herausgegeben von Hannes Androsch

Vorwort des Herausgebers

Unsere Welt befindet sich in tiefgreifendem, rasantem Wandel. Der Umbruch der Gesellschaft mit ihrer zunehmenden Komplexität und der Umbruch politischer Ordnungen führen zu neuer Unübersichtlichkeit, welche wachsende Verunsicherung erzeugt.

Um dies abzuwenden, bedarf es Orientierung und zukunftsfähiger Perspektiven. Und es wird fundiertes Wissen über die großen Themen der Gegenwart benötigt, um durch die Flut von Daten, Halbwahrheiten und Fake News navigieren zu können und sich zurechtzufinden. Aus diesem Grund nehmen führende Intellektuelle, Expertinnen und Experten in der Reihe **Auf dem Punkt** zu den großen Fragen unserer Zeit Stellung.

Egon Bahr, der Architekt der Ostpolitik von Willy Brandt, wusste: Frieden in Europa gibt es nicht ohne oder gegen Russland. Doch man weiß nicht, wie ein solcher mit einem irregeleiteten Russland möglich sein kann, nachdem Putin die Sicherheits- und Friedensordnung Europas mutwillig zerstört hat, auch wenn westliche Fehleinschätzungen und Fehlverhalten ihm dabei behilflich waren.

Russland, eine riesige eurasische Landmasse mit etwa 17 Millionen Quadratkilometern, ist ein Land mit schrumpfender multiethnischer Bevölkerung und einer Wirtschaftsleistung von Spanien. Es ist zwar rohstoff-, raketen- und atomwaffenreich, allerdings ohne Zugang zur Welt, also zu »Warmwassermeeren« wie dem Indischen Ozean und, trotz zwölf russisch-türkischer Kriege, dem Mittelmeer. Russland kontrolliert auch nicht die Ostsee oder das Schwarze Meer.

Nach der Überwindung der langen Mongolenherrschaft begann das Reich, sich durch ständige Expansion zu dieser Landmacht zu entwickeln. Der Zerfall der Sowjetunion hat zum Bestreben geführt, diesen Rückschlag wettzumachen, um Eurasien von Lissabon bis Wladiwostok kontrollieren zu können.

In Moskau will man nicht wahrhaben, dass man bei diesem Bestreben zum Vasallen Chinas wird. Zugleich ist die Auseinandersetzung neben den Konflikten im Nahen Osten und Afrika ein Teil der epischen Auseinandersetzung um globale Dominanz zwischen China und den USA. In diesem bedrohlichen Umfeld muss Europa zusammenfinden, um mit autonomer Stärke Mitspieler und nicht Spielball der Mächtigen zu sein.

Dr. Hannes Androsch

Vorwort

Der russische Überfall auf die Ukraine im Februar 2022 war zwar nicht der Beginn des russischen Krieges in der Ukraine — dieser hatte mit der Besetzung der Krim und der Anstiftung/Unterstützung des Aufruhrs in der Ostukraine schon 2014 begonnen —, aber seine brutale und völkerrechtswidrige Eskalation.[1] Für die breitere Öffentlichkeit war der Kriegsausbruch schockierend und weitgehend unerwartet gewesen. Bei genauerer Betrachtung kam der Krieg aber nicht plötzlich und unerwartet. Gerade deshalb muss er kontextualisiert werden. Was sind die Entwicklungslinien hin zum russischen Überfall? Welche Akteure haben durch welche Handlungen und Entscheidungen das Ausbrechen des Krieges mitbeeinflusst? Dazu muss zuerst einmal die Vorgeschichte erzählt werden, ohne dabei durch Hinweise auf Verantwortlichkeiten anderer Akteure diesen völkerrechtswidrigen Angriffskrieg rechtfertigen zu wollen. Das ist schlicht und ergreifend nicht möglich. Nichts rechtfertigt den russischen Überfall. Historische Kontextualisierung darf dabei auch nicht auf Relativierung zielen.

Es braucht aber diese historische Kontextualisierung, um die schrittweise Entfremdung zwischen der Ukraine und Russland sowie zwischen dem globalen Westen und Russland zu verstehen. Es geht darum, die Wahrnehmung der Konfliktgeschichte aufseiten beider Kriegsparteien zu verstehen; das ist aber nicht gleichbedeutend damit, *Verständnis* zu haben, wie eine Seite gehandelt und entschieden hat. Verstehen ist auch ein zentrales Anliegen dieses Buches.

Deshalb beginnt dieses Buch nicht mit dem Februar 2022, sondern im Jahr 2013. Nach der Rekonstruktion der Ukrainekrise seit 2013 werden die Motive und Interessen Russlands diskutiert; es gilt auch zu zeigen, wie sehr sich Russland im Hinblick auf den Verlauf des Krieges verschätzt hat. Ausgelotet werden dann auch Möglichkeiten für eine Verhandlungslösung, zumindest über eine Waffenruhe. Auch eine Debatte über die denkbaren und realistischen Kriegsziele wird notwendig sein. Abschließend widmet sich das Buch den (geopolitischen) Konsequenzen für die Ukraine, für Russland und den globalen Westen.

Es wird diskutiert, ob in Russland bei einem negativen Kriegsverlauf eine Massenrevolte von unten oder eine Palastrevolte stattfinden könnte, die das Ende der Präsidentschaft Vladimir Putins besiegeln würde.

Es ist dies ein Buch zu einem bedrückenden Thema, zu einem Krieg, aus dem es — zumindest bei Drucklegung des Buches im Dezember 2023 — keine Auswege zu geben scheint. Das Geschehene und zu Erwartende will von mir so objektiv wie möglich nachgezeichnet werden. Ich versuche zu vermeiden, zum Aktivisten zu werden, der sich an die Seite einer der Kriegsparteien stellt, sondern will der — von mir so gesehenen — nüchternen und distanzierten Rolle des wissenschaftlichen Beobachters gerecht werden. Auch darin unterscheidet sich dieses Buch von vielen anderen.

Es geht darum,
die Wahrnehmung der
Konfliktgeschichte
aufseiten beider
Kriegsparteien
zu verstehen.
Das ist aber nicht
gleichbedeutend
damit, Verständnis
zu haben, wie eine
Seite gehandelt und
entschieden hat.

1

Die Vorgeschichte

Eine Geschichte von zwei Annäherungen

Der Überfall auf die Ukraine hat eine lange Vorgeschichte. So wie es nicht zulässig ist, in dieser Vorgeschichte Rechtfertigungsgründe für den russischen Überfall zu finden, so wichtig ist es trotzdem, diese zeitliche und historische Kontextualisierung vorzunehmen. In diesem Buch möchte ich zumindest bis zu der Krise in und um die Ukraine im Jahr 2013 zurückgehen. Diese Krise hatte neben inneren Faktoren eben auch eine Integrationsrivalität zwischen der Europäischen Union und Russland als Grundlage. Beide Akteure waren daran interessiert, die Ukraine in ihr Integrationsprojekt miteinzubeziehen.

Die Europäische Union hat 2009 die sogenannte »Östliche Partnerschaft«[2] beschlossen. Damit sollten Staaten im Westen und Süden Russlands näher an die EU herangeführt werden. Es ging um Belarus, die Ukraine, Moldau, Armenien, Aserbaijan und Georgien. Aserbaijan hatte allerdings kein Interesse, sich vertraglich an die EU zu binden, und erteilte den Plänen der EU eine Absage. Auch Belarus kam als Verhandlungspartner nicht infrage. Zu autoritär war die politische Verfasstheit des Landes unter Alexander Lukašenko, das schon damals als »Europas letzte Diktatur« bezeichnet wurde.

Den verbliebenen vier Nachbarstaaten Russlands bot die EU »Assoziationsabkommen« an. Sie bestanden aus einem politischen und einem wirtschaftlichen Teil. Im politischen Teil verpflichten sich die Staaten zu Marktwirtschaft, Demokratie, Rechtsstaatlichkeit und einer guten Regierungsführung. Sie versprechen auch den Kampf gegen die Korruption und sichern der Europäischen Union zu, ihre Außen-, Sicherheits- und Verteidigungspolitik immer mehr an die der EU anzunähern. Der wirtschaftliche Teil besteht aus einem Freihandelsabkommen. Damit sollte eine DCFTA, eine »deep and comprehensive free-trade area« eingerichtet werden. Es ist ein vertieftes, umfassendes Freihandelsabkommen, mit dem der Marktzugang von Waren, Gütern und Dienstleistungen zum Binnenmarkt der EU ermöglicht werden soll. Wichtig ist, dass diese Abkommen keine Beitrittsperspektive beinhaltet haben. Angestrebt wurde also nicht ein Beitritt dieser Staaten zur EU, sondern nur die wirtschaftliche und politische Annäherung.

Die Europäische Union hat immer betont, dass es ihr nicht darum gehe, mit dieser Annäherung an die östlichen Grenzländer eine Einflusssphäre zu schaffen. Genau genommen ist es das natürlich, wenn ein »Ring aus Freunden«, wie das genannt wurde, erarbeitet wird. Freilich, die EU konnte diese Einflusszone etablieren, weil diese Länder selbst näher an die Europäische Union heranrücken wollten. Es war also die Anziehungskraft der EU mit ihren positiven Effekten und einem Versprechen der Prosperität, die zu dieser Annäherung führte, und kein Druck oder gar Zwang.

Russland auf der anderen Seite wollte seinen Einfluss ebenfalls absichern. Aber weniger durch die begrenzte russische Kraft der Anziehung, sondern durch wirtschaftlichen und finanziellen Druck, die Kraft des Zwangs. Russland hatte seit 2010 sein eigenes Integrationsprojekt verfolgt. 2010 wurde eine Zollunion zwischen Russland, Belarus und Kasachstan gegründet und ab 2012 die Eurasische Wirtschaftsgemeinschaft. Mit dem 1. Jänner 2015 schließlich sollte eine Eurasische Union geschaffen werden (was letztlich scheiterte).

Die Ukraine war für Russland ein wichtiges Puzzlestück dieses Integrationsprojektes. Russland ging es vorrangig aber nicht um wirtschaftliche und finanzielle Gründe, vielmehr waren es die historischen, ethnischen, linguistischen und kulturellen Verbindungen, die das Land, das Russland immer in seiner Eigenstaatlichkeit angezweifelt hat, in den russischen Orbit einbinden sollten.

Beide, die Europäische Union und Russland, wollten die Ukraine in den eigenen Integrationsraum einbeziehen. Die Ukraine war für beide ein Schlüsselstaat. Beide Seiten machten klar, dass es ein Entweder-oder sein müsse. Teil des russischen Integrationsprojektes zu sein und gleichzeitig ein EU-Assoziationsabkommen zu unterzeichnen, war nicht möglich. Die Länder müssten sich entscheiden. Eine trilaterale Vereinbarung über die Ukraine unter der Einbindung Russlands wurde zurückgewiesen. Der damalige Präsident der Europäischen Kommission, José Manuel Barroso, sagte, man unterhalte sich über Beziehungen zur Ukraine nicht mit Dritten. (»Wir holen prinzipiell keine Dritten dazu, wenn wir bilaterale Gespräche führen.«[3]) Auch der EU-Erweiterungskommissar Štefan Füle bekräftigte am 13. September 2013, dass es nicht möglich sei, das Assoziationsabkommen zu unterzeichnen und der von Russland geführten Zollunion beizutreten.

Russland drohte damit, das seit 1993 bestehende Freihandelsabkommen mit der Ukraine zu kündigen, sollte das Assoziationsabkommen mit der EU unterzeichnet werden. Das Abkommen wurde letztlich nach Ausbruch der Kriegshandlungen im Juli 2014 von Russland gekündigt.

Die ukrainische Führung um den 2010 gewählten Präsidenten Viktor Janukovič hatte das Assoziationsabkommen mit der EU schon fertig verhandelt und initialisiert, alles, was noch fehlte, war seine Unterschrift. Unterzeichnet werden sollte das Abkommen zusammen mit den Abkommen mit Georgien und der Moldau (Armenien hatte auf starken russischen Druck hin auf die Unterzeichnung verzichtet) auf einem »Gipfel der Östlichen Partnerschaft« in Vilnius am 29. November 2013. Wenige Tage davor, am 20. November, verkündete die ukrainische Führung plötzlich, das Abkommen nicht unterzeichnen zu wollen und die Verhandlungen auszusetzen. Präsident Janukovič machte dafür Druck aus Russland verantwortlich. Das war zweifellos richtig, doch es gab noch andere Faktoren für seine Entscheidung, die gegen den Willen der Mehrheit der ukrainischen Bevölkerung war: Janukovič brauchte dringend Finanzhilfe. Von der Europäischen Union konnte er sie nicht in ausreichender Höhe erwarten. Sie stellte zwar Hilfen, jedoch nicht in der gewünschten Höhe von mehreren Milliarden Euro, in Aussicht. Er war damit auf einen Kredit des Internationalen Währungsfonds (IWF) angewiesen. Die Bedingungen für eine neuerliche Kreditlinie des IWF waren aber sehr hart, mit sozialen Konsequenzen, die eine Wiederwahl von Janukovič, dessen Popularität ohnehin sehr stark gesunken war, ziemlich unmöglich gemacht hätten.

Für Janukovič zählte vor allem der Machterhalt, als er die Verhandlungen mit der EU ausgesetzt hat. Russland hatte die Situation noch verschärft. Schon im Sommer 2013 übte der Kreml mit ersten Handelserschwernissen Druck auf die Ukraine aus. Gleichzeitig bot Russlands Präsident Vladimir Putin der Ukraine einen Kredit von 15 Milliarden Dollar an — ohne jegliche Vorbedingungen. Für Janukovič war das natürlich sehr reizvoll. Er hätte plötzlich finanziellen Spielraum gehabt, ganz ohne einschneidende Reformen durchsetzen zu müssen. Das Kreditabkommen zwischen der Ukraine und Russland wurde schließlich im Dezember 2013 unterzeichnet; das Finanzvolumen sollte in mehreren Tranchen ausbezahlt werden.

Erste Proteste

Die Entscheidung von Janukovič, das Assoziationsabkommen mit der EU nicht zu unterzeichnen, löste unmittelbar Proteste aus, die nicht von den Oppositionsparteien, sondern zivilgesellschaftlich organisiert wurden. Vor allem junge Menschen, Studierende und Schüler, hatten in der Annäherung an die EU eine Wohlstands- und Freiheitsperspektive gesehen. Und auch ein Instrument, um das autoritäre, oligarchische Herrschaftssystem der Ukraine zu überwinden. Diese jungen Leute besetzten den Unabhängigkeitsplatz, den Maidan, in Kiev (ukrainisch Kyïv).[4]

Auf dem Gipfel der »Östlichen Partnerschaft« hat die Ukraine dann das Assoziationsabkommen wie angekündigt nicht unterzeichnet. Am Tag danach ordnete Janukovič an, dass die ukrainische Spezialpolizei Berkut (zu Deutsch: »Adler«) den Unabhängigkeitsplatz räumen sollte. Das gelang nicht. Der Polizeieinsatz scheiterte nicht nur, er führte auch zu einer weiteren Mobilisierung Demonstrierender. Immer mehr Menschen schlossen sich den Protesten auf dem Maidan an.

Die ukrainische Bevölkerung war aber nicht in ihrer Gesamtheit für die Annäherung an die Europäische Union. Sie war gespalten. Die

West- und Zentralukraine wollten sich mehrheitlich der EU annähern, die Süd- und Ostukraine befürworteten in hoher Zahl eine engere Zusammenarbeit mit Russland. Im Außenhandel zeigte sich diese Spaltung; so wickelte die Ukraine im Jahr 2013 ungefähr 26 Prozent ihres Außenhandels mit Russland und 25 Prozent mit der EU ab.[5] Es ist daher nicht völlig richtig zu sagen, dass sich 2013/14 *das* ukrainische Volk für die Annäherung an die EU entschieden hat. Die Frage, in welche Richtung man sich orientieren sollte, ob West oder Ost, spaltete die ukrainische Bevölkerung vielmehr.

Die Proteste auf dem Maidan hielten Monate an und blieben lange gewaltfrei. Erst im Jänner 2014 kam es zu ersten Zusammenstößen zwischen Demonstrierenden und der Spezialpolizei Berkut. Zu dieser Zeit radikalisierte die politische Führung ihr Verhalten gegenüber den Protesten. So wurde ein Gesetz erlassen, das die Demonstrationen kriminalisieren sollte. Bei der Abstimmung kam es allerdings zu mehreren Unregelmäßigkeiten und es fehlte sogar eine Mehrheit, um das Gesetz zu verabschieden. Janukovičs »Partei der Regionen« sorgte dafür, dass das Gesetz dennoch als rechtmäßig zustande gekommen eingestuft wurde. Zwischen dem 18. und 20. Februar 2014 eskalierte die Situation schlussendlich völlig. Es gab bewaffnete Zusammenstöße zwischen einem radikalisierten und bewaffneten Teil der Demonstrierenden und den Einsatzkräften von Viktor Janukovič. Angeblich sind damals mehr als hundert Menschen ums Leben gekommen. Umstritten ist, ob Gewalt *auch* von den radikalisierten Flügeln der Maidanbewegung ausgegangen war. Inwieweit russische Einheiten direkt in die Kämpfe involviert waren, ist ebenso unklar.

Dadurch beunruhigt, starteten die Außenminister Polens, Frankreichs und Deutschlands eine Vermittlungsmission und versuchten, eine Vereinbarung zwischen Janukovič und den drei führenden Oppositionsparteien auszuhandeln. Das ist letztlich auch gelungen. Dieser Kompromiss bestand aus drei Punkten: Erstens sicherten beide Seiten zu, eine »Regierung der nationalen Einheit« zu bilden. Zweitens kamen sie überein, die ukrainische Verfassung zu ändern, um das Parlament, die Verchovna Rada, zu stärken und das Präsidentenamt zu schwächen. Schließlich sagte Janukovič zu, spätestens im Dezember 2014 als Präsident zurückzutreten.

Dieses Kompromisspapier legte die Opposition den Demonstrierenden auf dem Maidan vor, doch dagegen gab es unerwartet starken Widerstand, vor allem vom rechten Flügel der Demonstrierenden. Sie lehnten den Kompromiss vor allem deshalb ab, weil sie nicht akzeptieren wollten, dass Janukovič noch weiter im Amt bleibt, wo er doch vorher die letztlich blutigen Zusammenstöße mit den Demonstrierenden angeordnet hatte. Der radikale »Pravij Sektor« (»rechte Sektor«) hat Janukovič ultimativ aufgefordert, seine Residenz bis zum kommenden Samstag, 22. Februar 2014, früh zu räumen. Ansonsten würde man das Gebäude stürmen. Das führte dazu, dass der ukrainische Präsident in der Nacht vom 21. auf den 22. Februar zunächst von Kiev nach Charkiv flüchtete, um dann über Umwege nach Russland gebracht zu werden.

Die völkerrechtswidrige Annexion der Krim

In Kiev vollzog sich zur gleichen Zeit ein Umsturz: Die frühere dominante Kraft, Janukovičs Partei der Regionen, die vor allem im Osten und Süden des Landes gewählt wurde, löste sich nahezu vollständig auf. Es bildete sich eine neue parlamentarische Mehrheit aus Oppositionsparteien und

Überläufern. Diese Mehrheit forderte, Janukovič als Präsident abzusetzen. Im Parlament stimmte zwar eine Mehrheit für dessen Absetzung, verfassungskonform war sie allerdings nicht. Das Amtsenthebungsverfahren des Präsidenten hätte eine sehr viel kompliziertere Prozedur vorgesehen.

Da der Sturz von Janukovič nicht verfassungskonform erfolgt ist, ist es auch zulässig — ohne Wertung —, von einem »Umsturz« in der Ukraine zu sprechen. Die russische Führung sprach sogar von einem »Staatsstreich«, der sich in der Ukraine ereignet habe, und bezeichnet alle ukrainischen Regierungen seitdem als illegal, obwohl schon im Mai 2014 in demokratischen Wahlen mit Petro Porošenko ein neuer Präsident gewählt worden war. Für Russland war vor allem ärgerlich, dass Polen, Frankreich und Deutschland die neue politische Mehrheit nicht aufgefordert haben, sich an den ausverhandelten Kompromiss vom 21. Februar zu halten. Putin warf den Europäern Wortbruch vor. Für den Kreml war der Umsturz in der Ukraine auf jeden Fall eine strategische Niederlage. Russland hat die Integrationsrivalität mit der Europäischen Union verloren. Die neue ukrainische Führung kündigte an, das Assoziationsabkommen mit der EU so schnell wie möglich zu unterzeichnen, und bekräftigte die Ambitionen, der NATO beizutreten.

Nach der strategischen Niederlage entschied sich Putin, die Lage militärisch zu eskalieren. Für die Ukrainekrise war die EU mitverantwortlich, für die militärische Eskalation war und ist Russland ganz allein verantwortlich. Die russische Führung befürchtete, dass die neue Regierung das Land so schnell wie möglich in die EU und NATO führen wolle. Aber auch, dass das Abkommen über die Stationierung der russischen Schwarzmeerflotte im Hafen Sevastopol auf der Krim von der neuen Regierung aufgekündigt werden könnte. Putin entschied sich unmittelbar nach dem Umsturz in Kiev, die ukrainische Halbinsel Krim zu besetzen und zu annektieren. Russland durfte laut dem Schwarzmeerflottenabkommen von 1997 (verlängert im Jahr 2012) zwar ein Kontingent von 25.000 Soldaten auf der Krim stationieren, nur schickte Putin diese nicht auf die dafür vorgesehenen Stützpunkte, sondern ließ sie vielmehr die ganze Halbinsel besetzen. Es war ein russischer Einmarsch in die Ukraine und der eigentliche Kriegsbeginn.

Der Kreml hatte schon seit 2008 Pläne für eine militärische Besetzung der Krim ausgearbei-

Für die Ukrainekrise
war die EU
mitverantwortlich,
für die militärische
Eskalation war und ist
Russland
ganz allein
verantwortlich.

tet. Angesichts der krisenhaften Entwicklung im bilateralen Verhältnis mit der Ukraine und einer damals deutlich westfreundlichen Regierung in Kiev schien das der russischen Führung unabdingbar. Aus dieser Sicht ist es auch logisch, dass sich die russischen Streitkräfte auf eine solche Eventualität vorbereiten mussten. Diese Pläne waren also längst da und mussten nur aktiviert werden, als der Umsturz in Kiev über die Bühne ging.

Durch einen raschen, von Russland militärisch durchgesetzten Umsturz im regionalen Parlament in Simferopol, der Hauptstadt der Krim, konnte Russland eine moskaufreundliche Regierung installieren, die sofort ein Referendum zum Anschluss der Krim an Russland abhielt. Und man hatte es eilig: Der Termin für das Referendum wurde immer wieder vorverlegt, zuerst auf Mai, dann auf April. Schlussendlich fand es am 16. März 2014 statt. Dieses Referendum hatte nach offiziellen Ergebnissen eine Wahlbeteiligung von 84 Prozent und ergab eine Zustimmung für den Beitritt zu Russland von 97 Prozent. Diese Zahlen sind aber nicht glaubwürdig. Die ethnischen Russen machten 62 Prozent der Krim-Bevölkerung aus, ethnische Ukrainer 24 Prozent und Krim-Tataren 13 Prozent. Ukrainer und Tataren hatten zu einem Boykott des Referendums aufgerufen. Die Wahlbeteiligung von 84 Prozent ist daher sicherlich gefälscht. Auch die hohe Zustimmung zum Beitritt zu Russland ist völlig unglaubwürdig.

Da es keine unabhängigen internationalen Beobachter gab, werden wir wohl lange nicht erfahren, wie dieses Referendum tatsächlich ausgegangen ist. Jedenfalls war dieses Referendum nicht demokratisch. Es wurde kurzfristig angesetzt, die Bevölkerung hatte weder ausreichend Zeit, sich eine Meinung zu bilden, noch die Möglichkeit dazu, da der Zugang zu westlichen und ukrainischen Medien stark eingeschränkt wurde. Vor jedem Wahllokal waren am Tag des Referendums russische Soldaten präsent. Dazu kam, dass die Optionen, über die abgestimmt werden konnte, eingeschränkt waren. Die zwei Optionen waren entweder der Anschluss an Russland oder — etwas verklausuliert —, auf der Basis der eher separatistischen Verfassung von 1992 bei der Ukraine zu verbleiben. Die Bewohner der Krim hatten also nicht die Möglichkeit, dafür zu stimmen, dass alles so bleiben solle wie bisher.

Man kann aufgrund der demografischen Verteilung *vermuten*, dass eine Mehrheit der Bevölkerung dem Beitritt zu Russland zugestimmt hat. Das auch deshalb, weil die ukrainischen Regierungen seit 1991 die Krim deutlich vernachlässigt hatten. Ihre wirtschaftliche, finanzielle und infrastrukturelle Entwicklung blieb meist auf der Strecke. Dazu kamen auch soziale Überlegungen: Die durchschnittliche Pension in Russland war damals dreimal so hoch wie in der Ukraine. Das Durchschnittsgehalt für Staatsangestellte zweieinhalbmal so hoch. Auch das mag bei der Abstimmung eine Rolle gespielt haben. Aber dass es eine Mehrheit gab, ist nur eine *Vermutung*.

Zwei Tage nach dem Referendum unterzeichneten die Halbinsel Krim und die Hafenstadt Sevastopol — zwei unterschiedliche Verwaltungseinheiten — den Beitritt zur Russischen Föderation. Russland hat die Krim damit völkerrechtswidrig annektiert.

Vladimir Putin hat stets geleugnet, dass russische Soldaten die Krim besetzt haben. Es sei vielmehr eine Volksmiliz gewesen, die sich gebildet habe, um die Krim gegen »nazistische Horden« zu verteidigen. Der Westen nannte die russischen Soldaten in ihren russischen Uniformen und mit russischen Waffen in den Händen »kleine grüne Männchen«. In Russland wurden sie als »höfliche

Leute« bezeichnet. Erst am Tag, als die Krim und Sevastopol Russland beitraten, gab Putin zu, reguläre russische Soldaten eingesetzt zu haben. Es war aber kein Eingeständnis. Putin sagte es so, als hätte er in der Vergangenheit nie etwas anderes behauptet.

Das Minsker Abkommen und der Krieg im Donbass

In der Ost- und der Südukraine waren viele mit der neuen ukrainischen Regierung unzufrieden. Unter den 20 Mitgliedern des neuen Kabinetts war nur ein Vertreter aus der Ostregion. Immerhin 12 Regierungsmitglieder stammten aus den vier westlichsten Regionen der Ukraine. Im April 2014 begannen bewaffnete Personen im Osten der Ukraine Polizeistationen und Verwaltungsgebäude zu besetzen. Sie wollten die Ost- und Südukraine aus der Ukraine herauslösen und sich Russland anschließen. Diese Übergriffe wären ohne militärische, logistische, finanzielle und auch nachrichtendienstliche Unterstützung Russlands nicht möglich gewesen. Es ist daher nicht möglich, von einem ukrainischen Bürgerkrieg zu sprechen, der sich ab April 2014 entfaltet habe. Es war eine Bewegung weniger Unzufriedener, die mit russischer Unterstützung und Waffengewalt Teile der Ukraine besetzen wollten.

Die neue ukrainische Regierung rief nach dieser militärischen Eskalation eine sogenannte antiterroristische Operation aus. Der Aufstand sollte militärisch niedergeschlagen werden. Das wäre vermutlich auch gelungen, hätte Russland im August 2014 nicht mit eigenen Soldaten in die Kämpfe eingegriffen.

Gleichzeitig mit der Annexion der Krim und der Gewalteskalation in den Ostregionen Donezk und Luhansk gab es Bemühungen um eine Lösung am Verhandlungstisch. Und zwar im sogenannten »Normandie-Format«, einer Verhandlungsgruppe von Deutschland, Frankreich, der Ukraine und Russland. Der Name entwickelte sich aus dem ersten Treffen der Staaten anlässlich des 60. Jahrestages des D-Days in der Normandie am 6. Juni 2014.

Bereits im September 2014 entstand das sogenannte Minsker Protokoll, in dem Parameter zur Beilegung des Konflikts festgelegt wurden. Allerdings wurde die darin vereinbarte Waffenruhe nie eingehalten. Es brauchte also neue Verhandlungen. Das daraus resultierende Minsker Abkommen vom 12. Februar 2015 sollte von da an die bis zum Krieg geltende Verhandlungsgrundlage für den Konflikt in der Ostukraine sein. Dieses Abkommen, häufig Minsk-II-Abkommen genannt, besteht aus einem militärischen und einem politischen Teil. Beide Seiten verpflichteten sich zu einem sofortigen, umfassenden und dauerhaften Waffenstillstand. Außerdem sollten alle Kriegsgefangenen ausgetauscht werden und schließlich sicherten beide Parteien zu, ihr schweres militärisches Gerät jeweils 50 Kilometer hinter die Frontlinie zu verlegen. Das sollte durch eine Beobachtermission der OSZE (Special Monitoring Mission) überwacht werden. Im politischen Teil verpflichtete sich die Ukraine zu drei Gesetzesakten: Zum einen sollte die Ukraine durch eine Verfassungsänderung dezentralisiert werden. Zweitens sicherte die Ukraine ein Amnestiegesetz für die Separatisten zu. Der wichtigste Teil war ein gesetzlicher Sonderstatus der besetzten Regionen Donezk und Luhansk. Ihnen sollte eine weitreichende Autonomie gewährt werden. Keines dieser Gesetze wurde vom ukrainischen Parlament umgesetzt. Es fehlte die politische Mehrheit für derartige Beschlüsse.

Die ukrainische Führung argumentierte, dass diese Gesetze erst nach der Umsetzung des

Dennoch schien
das Minsker
Abkommen
der einzige Weg
zu sein,
um diesen Konflikt
in der Ostukraine zu
befrieden.

militärischen Teils des Minsk-II-Abkommens hätten angegangen werden müssen. Deutschland und Frankreich unterstützten diesen Ansatz, während Russland eine parallele Umsetzung des politischen und des militärischen Teils forderte. Russland, obwohl selbst militärisch involviert, stellte sich entgegen der Realität als Vermittler dar. Seit dem Februar 2015 ist ein dauerhafter Waffenstillstand aber nie erreicht worden. Es gab immer wieder Scharmützel an der Grenze und den Beschuss militärischer und ziviler Ziele auf beiden Seiten. Vermutlich sind von 2014 bis Kriegsbeginn 2022 auf beiden Seiten rund 14.000 Menschen ums Leben gekommen. Dennoch schien das Minsker Abkommen der einzige Weg zu sein, um diesen Konflikt in der Ostukraine zu befrieden.

2019 wurde Wolodymyr Selenskyj zum neuen Präsidenten der Ukraine gewählt. Mit 73 Prozent konnte er einen Erdrutschsieg erzielen. Eigentlich Schauspieler und Fernsehproduzent, versprach Selenskyj im Wahlkampf, den Krieg im Donbass zu beenden. So war es auch Selenskyj, der einen erneuten Anlauf nahm, um das Minsker Abkommen umzusetzen. Ein Treffen der Staats- und der Regierungschefs der Normandie-Staaten im Dezember 2019 in Paris ließ dann auch leichte

Hoffnung auf eine Lösung des Konfliktes aufkommen.

Vierzehn Monate später kam es plötzlich zur Kehrtwende: Selenskyj erklärte, dass sich die Ukraine nicht mehr an die Vereinbarungen des Minsker Abkommens halten werde. Der Ukraine sei Minsk-II in einem Zustand militärischer Schwäche aufgezwungen worden. Er sprach sich auch gegen das »Normandie-Format« aus und wollte die USA und Großbritannien miteinbeziehen, um die eigene Verhandlungsposition zu stärken. Selenskyj stellte also das Verhandlungsformat und das Abkommen selbst infrage. Gleichzeitig ging er innenpolitisch gegen russlandfreundliche Medien vor und stellte einen engen Verbindungsmann Putins, Viktor Medvedčuk, des Hochverrats bezichtigt, unter Hausarrest. Es wird vermutet, dass Medvedčuk indirekt mehrere dieser russophilen Medien kontrollierte, die Selenskyjs Regierung massiv kritisierten und Werbung für die prorussische Opposition machten. Auch das dürfte ein Grund dafür gewesen sein, dass der prorussische Oppositionsblock in Umfragen zu dieser Zeit die klar stärkste Partei war.

(Ein kurzer Blick in die Zukunft: Nach Ausbruch des russischen Angriffskrieges sollten die frühere deutsche Bundeskanzlerin Angela Merkel und der frühere französische Präsident François Hollande öffentlich erklären, dass das Minsker Abkommen ohnehin nur dafür gedacht gewesen war, der Ukraine mehr Zeit zu verschaffen, um sich auf eine russische Invasion vorzubereiten. Eine erstaunliche Positionierung, die der russischen Propaganda in die Hände spielen sollte. Die argumentierte ohnehin, dass der Westen mit dem Minsker Abkommen Russland nur täuschen wollte. Merkels und Hollandes Äußerungen sind aber nicht glaubwürdig. Die Ukraine bekam in dem Zeitraum bis zum Krieg 2022 kaum Waffen geliefert. Die Waffenlieferungspolitik war zu dem Zeitpunkt sehr restriktiv. Erst 2018 haben die USA mit der Lieferung letaler militärischer Güter an die Ukraine begonnen. Es ist zu vermuten, dass sich die beiden früheren Staatsoberhäupter der Kritik entziehen wollten, Putin gegenüber zu naiv gewesen zu sein.)

Russlands Forderungen nach Sicherheitsgarantien

Vermutlich war das der Zeitpunkt, als Russland zur Einschätzung kam, dass der Minsker Prozess nicht mehr erfolgreich weitergeführt werden könne — jedenfalls nicht in der russischen maximalen Interpretation desselben — und dass der eigene Einfluss in der Ukraine immer weiter zurückgedrängt werden würde. Die Ukraine würde so in geraumer Zeit fest in westlichen Institutionen verankert werden. Ausgerechnet jener Schlüsselstaat, dessen Souveränität Russland immer angezweifelt hat, wäre für Putin verloren. Es ist aber auch vorstellbar, dass die russischen Angriffspläne schon früher ausgearbeitet wurden.

Als Reaktion auf diese Entwicklungen begann Vladimir Putin im Frühjahr 2021 eine Mobilisierung der russischen Streitkräfte und stationierte Truppen an den Nord-, Ost- und Südgrenzen der Ukraine. Schon damals hielten einige Beobachter einen militärischen Konflikt zwischen Russland und der Ukraine für möglich. Doch Putin wollte wohl Druck aufbauen, um mit den USA einen Kompromiss zu finden, wie der Konflikt in der Ostukraine gelöst werden könne. Er zog seine Truppen vor dem Gipfeltreffen mit dem US-Präsidenten Joe Biden im Juni 2021 in Genf wieder ab. Allerdings blieb der Großteil des militärischen Geräts vor Ort.

Die Gespräche mit den USA waren für Russland unbefriedigend. Die USA drängten die

Ukraine nicht zur Einhaltung des Minsker Abkommens. Beim NATO-Gipfel im Juni 2021 wurde eine mögliche Mitgliedschaft der Ukraine, die seit 2008 im Raum stand, neuerlich bekräftigt. Nur wenige Monate später schlossen die USA und die Ukraine ein »Abkommen über strategische Partnerschaft« ab. Spätestens da hat sich Putin wohl endgültig dazu entschlossen, militärisch gegen die Ukraine vorzugehen.

Im Herbst 2021 erfolgte eine neue Truppenmobilisierung an den russischen Grenzen zur Ukraine. Und das nicht nur auf russischem Gebiet, sondern auch auf belarussischem Boden. Gleichzeitig verlangte Putin in mehreren Reden verbindliche Sicherheitsgarantien vom Westen. Diese Forderungen wurden durch das Außenministerium Russlands am 15. Dezember 2021 mit zwei Vertragsentwürfen konkretisiert; ein Vertrag mit der NATO und einer mit den USA. Interessanterweise verlangte Putin im Vertrag mit den USA ein Ende der NATO-Ausdehnung nach Osten, während er im Vertrag mit der NATO ein generelles Ende der NATO-Erweiterungspolitik forderte. Die NATO müsse auch das Mitgliedschaftsversprechen an die Ukraine von 2008 zurücknehmen. Obendrein forderte Moskau, dass die NATO-Staaten ihre Soldaten und die komplette militärische Infrastruktur im Grenzgebiet zu Russland abziehen müssten. Für den Fall, dass der Westen diese Forderungen nicht erfüllen sollte, drohte Putin kryptisch mit einer »militär-technischen Reaktion«. Was genau das sein sollte, sagte er nicht.

Die westliche Reaktion war eindeutig: Sowohl die USA als auch die NATO bezeichneten die Forderungen als unverhandelbar, als »nonstarter«. Es gab zwar ein Videotelefonat zwischen Putin und Biden Ende Dezember 2021, ein Treffen der Außenminister Russlands und der USA sowie Beratungen im Rahmen der OSZE im Jänner 2022. Aber die Positionen blieben auf allen Seiten unverändert.

Die NATO wollte dennoch einzelne Zugeständnisse machen, die Rede war von vertrauensbildenden Maßnahmen an den Grenzen der osteuropäischen NATO-Mitglieder zu Russland. Um ein weiteres Entgegenkommen der NATO zu erklären, braucht es einen kurzen Exkurs: 1987 wurde zwischen den USA und der Sowjetunion der INF-Vertrag (Intermediate-Range Nuclear Forces) abgeschlossen. Der regelte die Beseitigung und das künftige Verbot von bodengestützten Marschflugkörpern und ballistischen Lenkwaffen mit einer Reichweite von 500 bis 5.500 Kilometer durch beide Seiten. Die USA warfen Russland seit 2013 vor, einen vertragswidrigen Marschflugkörper zu bauen, zu testen und 2017 zu stationieren. Russland dementierte die Vorwürfe und warf seinerseits den USA vor, durch die Raketenabwehrbasen in Rumänien und Polen den INF-Vertrag zu verletzen. Die USA kündigten diesen Vertrag unter Donald Trump im Februar 2019 auf. Die NATO schlug nun vor, beiden Vorwürfen sollten die ehemaligen Vertragsparteien transparent nachgehen.

Auch sollten für große militärische Manöver neue Regelungen getroffen werden. Der russische Außenminister Sergej Lavrov stellte daraufhin klar, dass die russischen Vertragsentwürfe als Gesamtpaket zu akzeptieren seien. Es sei kein Menü, bei dem sich der Westen herauspicken könne, was ihm beliebe, so Lavrov. Sollte das Gesamtpaket nicht angenommen werden, drohe die »militär-technische Eskalation«. Ende Jänner 2022 gab es dann die offiziellen Antworten der USA und der NATO. Sie lehnten die russischen Kernforderungen ab. Damit war klar, dass eine Lösung am Verhandlungstisch nicht mehr möglich war.

Zentral für das russisch-westliche Zerwürfnis war die Zukunft der Ukraine im nordatlantischen Bündnis. Die NATO betonte, dass mit dem KSZE-Dokument »Charta von Paris. Für ein freies Europa« von 1990 allen KSZE-Mitgliedsstaaten eine freie Bündniswahl zugesichert worden war (1994 wurde die KSZE in OSZE umbenannt). Die NATO wollte auch an ihrer deklarierten »Politik der offenen Tür« festhalten, wonach jedes Land, das die Beitrittskriterien erfüllt, einen Antrag auf Mitgliedschaft in der NATO stellen könne. Russland verwies seinerseits auf ein OSZE-Dokument aus dem Jahr 2010 — das Prinzip der »ungeteilten Sicherheit«. Das besagt, dass ein Mitglied der OSZE seine Sicherheit nicht auf Kosten der Sicherheit eines anderen Staates ausbauen dürfe. Beide Seiten beriefen sich auf die Prinzipien, die den eigenen Interessen dienten.

Wir wissen nicht, ob die Übernahme eines neutralen Status durch die Ukraine — wenn dem die Ukraine selbst und der Westen zugestimmt hätten — tatsächlich etwas an den Kriegsplänen Russlands geändert hätte. Der Westen akzeptierte dies jedoch nicht — zumindest öffentlich. Zu groß war die Wahrscheinlichkeit, dass Russland selbst nach einer Neutralisierung die Eigenstaatlichkeit der Ukraine nicht dauerhaft akzeptiert hätte. Es wäre aber wohl gut gewesen, wenn der Westen über eine solche Kompromisslösung verhandelt hätte. Wäre Russland dann trotzdem einmarschiert, wäre es als Lügner demaskiert gewesen.

Lange Zeit war es vielen Beobachtern unklar, ob der Truppenaufmarsch Russlands — in der Endstufe ca. 175.000 Soldaten — nur die jederzeitige Möglichkeit eines militärischen Überfalls auf die Ukraine demonstrieren sollte, um die eigene Verhandlungsposition gegenüber dem Westen zu stärken. Oder ob Russland von Anfang an einen Krieg vorbereitete und das Scheitern der Verhandlungen mit dem Westen als willkommene Begründung für den ohnehin geplanten Einmarsch genutzt hat. Für die russische Führung war auch klar, dass die Invasion schwieriger würde, je später sie beginnen würde.

Die Anerkennung von Donezk und Lugansk

Am 21. Februar 2022 hat Russland die staatliche Unabhängigkeit der beiden »Volksrepubliken« von Donezk und Lugansk anerkannt, die von den Separatisten im Mai 2014 ausgerufen worden waren. Kurz nach der Anerkennung unterzeichnete

Putin mit den beiden ukrainischen Regionen einen Vertrag über militärische Beistandsgarantien. Das diente letztlich als Rechtfertigung, um russische Truppen in die Ukraine zu entsenden. Spätestens am 21. Februar war damit klar, dass Russland einen großen Krieg anstreben würde. Nur für die Anerkennung der beiden Regionen hätte sich Putin nicht den Sanktionen des Westens ausgesetzt, die noch am selben Tag verkündet worden waren. Nun war eine raumgreifende Invasion aus allen Richtungen sicher. Schließlich begann am 24. Februar 2022 der russische Überfall. Ein völkerrechtswidriger Angriffskrieg ohne Rechtfertigungsgründe.

Nur für die Anerkennung der beiden Regionen hätte sich Putin nicht den Sanktionen des Westens ausgesetzt, die noch am selben Tag verkündet worden waren.

2

Der Beginn des russischen Angriffskrieges

Der Rechtfertigungsversuch von Vladimir Putin

In den Morgenstunden des 24. Februar 2022 begann der Überfall Russlands auf die Ukraine. Russische Truppen stießen im Süden von der Krim aus, im Osten und Nordosten von russischem Staatsgebiet, im Norden von Belarus aus vor. Es waren zwar nur russische Soldaten, die von dort einmarschierten, doch der belarussische Machthaber Aleksandr Lukašenka stellte für dieses Zangenmanöver sein Territorium zur Verfügung.

Kurz nachdem dieser Überfall begonnen hatte, trat Vladimir Putin vor die TV-Kameras, um die »spezielle Militäroperation« (SVO), der russische Euphemismus für diesen Krieg, zu erklären. Die »spezoperazija«, wie sie im Russischen abgekürzt heißt, sei notwendig, weil die Ukraine durch den Westen zu einem »Anti-Russland« aufgebaut worden sei, zu einem Staat, der die Sicherheit Russlands bedrohe. Die Militäraktion sei also zur Verteidigung Russlands unabdingbar geworden. Das war natürlich eine Täter-Opfer-Umkehr. Putin stellte die Ukraine als Aggressor dar, der kurz davor gestanden habe, Russland zu überfallen. Die Invasion sei lediglich ein präventiver Schritt, um das zu verhindern.

Die zweite Begründung Putins war, dass die ukrainische Regierung im Donbass, also in den separatistischen Teilen der Regionen Donezk und Luhansk, einen Völkermord begehen würde. Er sprach von einem Genozid an den ethnischen Russen im Donbass. Im Rahmen der von der ukrainischen Regierung im April 2014 ausgerufenen Anti-Terror-Operation gab es zwar auf beiden Seiten der Frontlinie Todesopfer, Soldaten, Kämpfer wie Zivilistinnen und Zivilisten, doch von einer gezielten Tötung ethnischer Russen in völkermörderischer Absicht kann nicht gesprochen werden.

Diese beiden Erklärungen sollten lange das offizielle Narrativ der »Spezialoperation« bleiben, die in Russland nicht Krieg genannt werden darf. Dafür wurde sogar ein eigenes Zensurgesetz eingeführt. Wer von Krieg spricht, das russische Militär oder die Kriegsführung der Militärspitze kritisiert, kann seit Februar 2022 mit bis zu fünfzehn Jahren Haft bestraft werden. Der Straftatbestand lautet: »Diskreditierung der Aktivitäten der russischen Streitkräfte«. Dieses Gesetz brachte auch Korrespondenten ausländischer Medien in Bedrängnis. Kurz nach Einführung wussten viele Journalistinnen und Journalisten nicht so recht, ob sie sich in Gefahr bringen würden, wenn sie von Krieg sprechen.

Im Laufe der Zeit hat sich das russische Narrativ geändert. Ab dem Herbst 2022 sprach der Kreml davon, dass die Ukraine — zusammen mit dem Westen — einen Krieg gegen Russland begonnen habe. Das Ziel sei, Russland als Staat zu zerschlagen und in mehrere Teile aufzuspalten. Genutzt hat der russischen Führung dabei, dass manche im Westen von der notwendigen »Dekolonialisierung« zu reden begonnen hatten; damit war nichts anderes als die Aufspaltung des russischen Staates in mehrere Teile gemeint. Die Änderung des Narrativs war zweifellos dafür gedacht, die Zustimmung der russischen Bevölkerung für diesen Krieg aufrechtzuerhalten. Im Spätherbst 2022 wurde dieses Narrativ ein weiteres Mal angepasst. Von da an lautete es, dass der Westen die russische Zivilisation zerstören wolle; der Militäreinsatz diene daher der existenziellen Selbsterhaltung.

Die tatsächlichen Motive für den russischen Überfall waren allerdings andere. Der wichtigste Kriegsgrund ist der tiefe Revanchismus von Vladimir Putin und Teilen seines innersten Führungszirkels. Das historische Russland sollte demnach wiedererrichtet werden. Putin meinte, ihm komme in diesem Krieg die Aufgabe zu, die schon Zar Peter der Große im 18. Jahrhundert geleistet habe. Im damaligen Krieg gegen Schweden habe Russland keine neuen Gebiete erobert, sondern nur zurückgeholt, was immer schon russisches Land gewesen sei.

Zudem bestritt Putin das Recht der Ukraine auf Eigenstaatlichkeit. Er publizierte im Juli 2021 einen Artikel, in dem er von der Einheit des russischen und ukrainischen Volkes schrieb.[6] Beide Länder seien als historische Einheit zu sehen. Putin erklärte, die Ukraine wäre ein artifizielles Konstrukt. Die Ukraine habe es nie als eigenen Staat gegeben, sie sei erst in der kommunistischen Sowjetunion zur Ukrainischen Sozialistischen Sowjetrepublik (Ukrainische SSR) geworden. Nur deshalb konnte 1991 mit dem Zusammenbruch der Sowjetunion diese Unionsrepublik zum souveränen Staat erklärt werden. In Putins Sichtweise fehlt der Ukraine aber die historische Rechtfertigung für ihre Eigenstaatlichkeit.

Die NATO

Auch die Ausdehnung der NATO wurde von Russland von Beginn an als Sicherheitsbedrohung eingestuft. Trotzdem hatten die russischen Führungen den Prozess zunächst murrend hingenommen — zumal sie ihm nichts entgegensetzen konnten. Die rote Linie wurde für Putin überschritten, als die NATO auf ihrem Gipfel im April 2008 in Bucharest der Ukraine und Georgien die Mitgliedschaft in Aussicht stellte. Die USA und die osteuropäischen Bündnismitglieder drängten auf eine schnelle Aufnahme der Ukraine und Georgiens. Deutschland, Frankreich, Belgien, die Niederlande und andere westeuropäische Staaten sahen darin eine unnötige Provokation der russischen Seite. Als Kompromiss wurde schließlich entschieden, den beiden Staaten grundsätzlich ein Mitgliedschaftsversprechen zu geben, jedoch keinen Zeitplan und keinen Plan zur Vorbereitung auf die Mitgliedschaft (Membership Action Plan) im Bündnis zu beschließen. Die Unterbindung eines NATO-Beitritts der Ukraine und die Wahrung eines territorialen Sicherheitspuffers zwischen der NATO und Russland spielte in der Invasionsentscheidung aber nur eine nachgeordnete Rolle.

Denn nach 2008 verschwand das Thema einer Aufnahme der Ukraine und Georgiens weitestgehend von der Tagesordnung der Regierungen in den USA, Deutschland und Frankreich. Eine weitere Annäherung der Ukraine an das Bündnis scheiterte am mangelnden Konsens innerhalb der NATO. Das war noch immer so, als Russland im Herbst 2021 in seiner Forderung nach verbindlichen Sicherheitsgarantien die Rücknahme des Mitgliedschaftsversprechens der NATO an die Ukraine forderte. Zwar war auch der russischen Führung klar, dass die Ukraine auf absehbare Zeit nicht Mitglied des westlichen Militärbündnisses werden würde; doch schon die engere Zusammenarbeit zwischen NATO-Staaten und der Ukraine war ihr ein Dorn im Auge. NATO-Staaten bildeten nach dem Kriegsbeginn 2014 ukrainische Streitkräfte aus, gemeinsame Übungen und Manöver wurden abgehalten und die ukrainische Armee wurde modernisiert. Für Putin war das eine inakzeptable Annäherung der Ukraine an das Militärbündnis, die seiner Ansicht nach knapp unter der Schwelle einer formalen Mitgliedschaft lag.

Exkurs: Wissenschaftsmeinung

Doch was wäre passiert, wenn die Ukraine der NATO bald nach 2008 beigetreten wäre? Zahlreiche Beobachter und Beobachterinnen des Ukrainekrieges argumentieren, dass weder der russische

Überfall noch die Annexion der Krim 2014 stattgefunden hätten. Moskau hätte nicht gewagt, einen NATO-Staat anzugreifen, da dann nach Art. 5 des NATO-Gründungsvertrages von 1949 alle anderen Mitglieder zu Hilfe eilen müssten. Das ist zweifellos richtig. Aber der Beitritt der Ukraine wäre nicht innerhalb sehr kurzer Zeit über die Bühne gegangen, sondern hätte zumindest einige Monate, wenn nicht Jahre in Anspruch genommen. Die Ukraine erfüllte 2008 auch noch gar nicht die Voraussetzungen, um der NATO beitreten zu können. Zudem war damals nur eine Minderheit der ukrainischen Bevölkerung für einen Beitritt zum westlichen Militärbündnis. Hätte eine konkrete Perspektive des Beitrittes bestanden, hätte der russische Überfall einfach früher stattgefunden.

Es ist auch Mehrheitsmeinung bei Forscherinnen und Forschern, dass die NATO-Erweiterung kein Fehler gewesen sei. Sie argumentieren — wie die damaligen politischen Vertreter der osteuropäischen Staaten —, dass ein Gelegenheitsfenster genutzt werden musste, um die Staaten Osteuropas unter den Schutz des Militärbündnisses zu bringen. Russland war wirtschaftlich und militärisch angeschlagen und viele Staaten befürchteten, dass Moskau, sobald es sich wieder erholt hätte, seinen traditionellen Expansionismus und die militärische Aggression wieder aufnehmen würde. Davor müsse man so viele europäische Staaten wie möglich in das Bündnis aufnehmen. Der Georgisch-Russische Krieg 2008, die Annexion der Krim 2014 und die russische Invasion 2022 dienen dabei als Beweis, dass die Argumentation von Anfang an richtig war. Russland habe bewiesen, dass die Befürchtungen gerechtfertigt gewesen waren.

Es gibt aber auch eine Minderheitsmeinung. Die Kausalität könnte natürlich auch umgekehrt gewesen sein: Die Erweiterung des Bündnisses und vor allem das Mitgliedschaftsversprechen an die Ukraine und Georgien von 2008 könnten die russische Führung dazu gebracht haben, eine aggressivere Politik gegen den globalen Westen zu verfolgen, um sich militärisch gegen eine noch weitere Ausdehnung der NATO abzusichern. Aber selbst wenn es diesen Wirkungszusammenhang gegeben hätte, ist auch daraus kein Rechtfertigungsgrund für den Überfall auf die Ukraine ableitbar. Das bedeutet aber nicht, dass die Erweiterung der NATO gar keine Rolle gespielt hätte. Das gänzlich zu bestreiten, ist geschichtsvergessen. Selbst NATO-Generalsekretär Jens Stoltenberg hat das vor dem Europäischen Parlament indirekt bestätigt: »President Putin declared in the autumn of 2021, and actually sent a draft treaty that they wanted NATO to sign, to promise no more NATO enlargement [...] That was what he sent us. And [that] was a pre-condition for not invade Ukraine. Of course we didn't sign that.«[7]

Russische Forderungen

Es gab unmittelbar nach Kriegsbeginn den Versuch von Verhandlungen zwischen den Delegationen der beiden Kriegsparteien an der ukrainisch-belarussischen Grenze. Der russische Forderungskatalog war maximalistisch. Putin forderte, die Ukraine müsse ein neutraler, nuklearwaffenfreier Staat werden, der seine Ambitionen, der NATO beizutreten, aufzugeben habe. Die zweite Forderung war die Demilitarisierung der Ukraine. Vermutlich war damit nicht gemeint, dass die ukrainischen Streitkräfte völlig aufgelöst hätten werden müssen, eher hätte Russland wohl Beschränkungen in Truppenstärke und Bewaffnung diktiert. Die dritte ultimative Forderung war die nach einer Entnazifizierung der Ukraine. Putin hatte die ukrainische Regierung als »eine Bande von Drogensüchtigen und Nazis«[8] bezeichnet. Die Entnazifizierung stand nicht nur bei den Forderungen weit oben, sondern kam vor allem in der russischen Propaganda an erster Stelle. Russlands Aufgabe sei es, die Nazis in der Ukraine von der Macht zu vertreiben, sagte Putin und meinte damit den Sturz von Wolodymyr Selenskyjs Regierung. Dieser Vorwurf war natürlich absurd. Die russische Seite forderte auch, dass die Ukraine die Zugehörigkeit der Krim und der Hafenstadt Sevastopol zu Russland anerkennen müsse. Damit wäre die Annexion von 2014 rechtskonform geworden. Zudem sollte die Ukraine die Unabhängigkeit der beiden separatistischen Entitäten in der Ostukraine, die »Volksrepubliken« von Lugansk und Donezk, anerkennen. Die Ukraine hätte dadurch knapp ein Fünftel ihres Territoriums verloren.

Das war ein maximaler Forderungskatalog, ein Diktatfrieden, den Russland gerne umgesetzt hätte. Militärisch konnte Putin seine Forderungen jedoch nicht durchsetzen. Die russische Armee schaffte es nicht, Kiev einzunehmen, Selenskyj zu stürzen und eine Marionettenregierung einzusetzen. Man kann also sagen, dass Russland diesen Krieg strategisch schon sehr früh verloren hat. Die Ziele, die Putin zu Beginn des Krieges definiert hat, kann Russland heute militärisch schlichtweg nicht mehr erreichen.

Soweit wir wissen können, ging die russische Führung davon aus, dass ihre »Spezialoperation« innerhalb weniger Tage oder Wochen abgeschlossen sein würde. Erwartet wurde ein rascher Vorstoß russischer Einheiten, die in kürzester Zeit das Regierungsviertel in Kiev einnehmen, Präsident Selenskyj von der Macht entfernen und einen eigenen, Moskau freundlich gesinnten, Präsidenten einsetzen würden. Diese Marionette hätte Viktor Janukovič, Präsident der Ukraine von 2010 bis 2014, oder Viktor Medvedčuk, ein russlandfreundlicher ukrainischer Politiker und Geschäftsmann, der eng mit Putin zusammenarbeitete, sein können. Die russische Erwartung war dem Vernehmen nach auch, dass bei einem Regierungsumsturz der Großteil der ukrainischen Armee kapitulieren würde. Völlig irrigerweise dürfte der engere Kreis um Putin auch geglaubt haben, dass ein großer Teil der ukrainischen Bevölkerung hinter ihnen stehen oder den Angriff zumindest akzeptieren würde. Ein Umstand, der zeigt, wie fehlerhaft die russischen Geheimdienste in ihrer Aufklärung zur politischen Lage und der Stimmung in der Bevölkerung gearbeitet hatten.

Derart irrtümliche Einschätzungen sind einem autokratischen System inhärent: Die Zahl der Personen, die dem Führer, in diesem Fall Vladimir Putin, unerfreuliche Nachrichten überbringen, wird im Laufe der Zeit immer geringer.

Derart irrtümliche Einschätzungen sind einem autokratischen System inhärent: Die Zahl der Personen, die dem Führer, in diesem Fall Vladimir Putin, unerfreuliche Nachrichten überbringen, wird im Laufe der Zeit immer geringer. Wer es beharrlich tut, muss mit Entfernung aus dem Amt rechnen. Gerade in einem System, in dem das eigene Fortkommen einzig und allein von Putin abhängt, ist das besonders ausgeprägt. Dazu kam, dass weder die Streitkräfte noch das Innenministerium oder die Geheimdienste einen Anreiz hatten, Putin alle Informationen zukommen zu lassen. Und auch, dass sich Putin aus Angst vor einer Ansteckung während der Covid-19-Pandemie, von der Russland stark betroffen war, zunehmend isolierte. Kaum jemand durfte zu ihm vordringen, was den Informationsaustausch veränderte. Es ist wohl richtig, dass Putins selbst gewählte Informationslücke für einige Fehlannahmen verantwortlich war, die zur Invasionsentscheidung beigetragen haben könnten.

Ukrainische Erfolge

Die russische »Spezialoperation« ist strategisch schon früh gescheitert, als es nicht gelang, Wolodymyr Selenskyj zu stürzen und eine russlandfreundliche Regierung einzusetzen. Wichtig für den ukrainischen Widerstandswillen war auch, dass Selenskyj trotz der Sorge um seine physische Sicherheit in Kiev geblieben ist. Auf Angebote westlicher Staaten, ihn in Sicherheit zu bringen, meinte er: »Ich brauche Munition und keine Mitfahrgelegenheit.« Anfang April mussten sich die russischen Streitkräfte schlussendlich aus der Umgebung von Kiev und dem Nordosten der Ukraine zurückziehen: eine erste militärische Niederlage. Als die ukrainische Armee in befreite Dörfer vorrückte, wurden grausame russische Kriegsverbrechen an der ukrainischen Zivilbevölkerung entdeckt — allen voran in Buča und Irpin. Im September 2022 ist es den ukrainischen Streitkräften gelungen — mittlerweile längst unterstützt durch immer effizientere Waffensysteme aus dem Westen —, die Besatzer nahezu vollständig aus der Region Charkiv zu verdrängen. Im November 2022 befreiten sie in der Region Cherson auch noch das strategisch wichtige Westufer des Dnipro und damit die Hauptstadt der Region, Cherson. Russlands Besatzung reduzierte sich damit auf die Region Luhansk, die fast vollständig kontrolliert wird, auf rund die Hälfte von Donezk und Teile der Regionen Zaporižžja und Cherson.

Die erfolgreiche ukrainische Gegenoffensive in Charkiv war auch deswegen möglich gewesen, weil das begrenzte Kontingent an Soldaten auf russischer Seite die lange Frontlinie nicht verteidigen konnte. Die russischen Truppen waren schlichtweg überdehnt.

Deshalb ordnete Vladimir Putin am 19. September 2022 schließlich eine Teilmobilmachung an. Monatelang hatte er sich dagegen gesträubt, weil er um die Unterstützung der russischen Bevölkerung fürchtete, sollten viele Russen unfreiwillig eingezogen werden müssen. Aber die Niederlage in der Region Charkiv zwang Putin dazu. 300.000 Reservisten wurden mobilisiert, um die russische Armee in der Ukraine zu stärken. In den großen Städten, in denen das regimekritische Potenzial deutlich größer ist als im Landesdurchschnitt, wurden deutlich weniger Männer mobilisiert. In den städtischen Zentren sollte die Zahl der Gefallenen gering gehalten werden, um Protesten vorzubeugen. Viele der mobilisierten Reservisten kamen aus wirtschaftlich strukturschwachen Regionen, vor allem in Sibirien und im Nordkaukasus. Unter ihnen waren Angehörige ethnischer Minderheiten deutlich stärker vertreten.

Die Teilmobilmachung lief alles andere als reibungslos. Russland fehlt seit dem Zerfall der Sowjetunion die notwendige Infrastruktur, um eine umfassende Mobilisierung durchzuführen. Mehr als die Mobilisierung, die im September 2022 angeordnet wurde, war nicht durchführbar. Doch selbst für die 300.000 Soldaten fehlte es an Infrastruktur wie Kasernen, Unterkünften, Übungsplätzen und Bewaffnung. In Videos von der Front ist deshalb auch immer wieder zu sehen, dass russische Soldaten teilweise mit alten und nur bedingt funktionstüchtigen Waffen ausgerüstet worden sind. Das wirkt sich natürlich negativ auf Stimmung und Moral der mobilisierten Männer aus.

Angesichts der repressiven Lage in Russland ist nur schwer zu eruieren, wie die Stimmung in der russischen Bevölkerung tatsächlich war und wie sie sich im Laufe der Zeit verändert hat. Umfragen des unabhängigen, renommierten Levada-Zentrums in Moskau ergeben immer wieder eine mehrheitliche Zustimmung zu Putins »spezoperazija«. Diese Unterstützung hat aber unterschiedliche Motive: Ein Teil der Bevölkerung ist seit Langem resignativ und politisch apathisch. Diese Menschen haben die Kriegsentscheidung einfach schulterzuckend zur Kenntnis genommen. Ein anderer Teil der Bevölkerung kann den Grund für den Krieg zwar nicht erkennen, vertraut aber auf Putin als »weisen Führer«, der schon wissen werde, warum die Militäroperation notwendig ist. Eine kleine Gruppe, vor allem das rechte, nationalistische Lager, war aktiv für diesen Krieg. Sie fordert bis heute ein härteres Vorgehen Putins und verlangt eine Generalmobilmachung und die völlige Umstellung der russischen Wirtschaft auf Kriegswirtschaft. Ein Vertreter dieser Gruppe, ein ehemaliger Agent des russischen Inlandsgeheimdienstes, Igor Girkin, attestierte Putin »feige Mittelmäßigkeit«; zudem postete er in sozialen Medien, dass Russland weitere sechs Jahre von Putins Präsidentschaft nicht überleben könne. Girkin wurde daraufhin wegen Anstiftung zum Extremismus verhaftet.[9] Gegenstimmen kamen von der »kreativen Klasse«, die vor allem aus wohlhabenderen und besser gebildeten, tendenziell jüngeren Menschen in den urbanen Zentren besteht. Diese Gruppe lehnt Putins Herrschaft schon seit Langem entschieden ab.

Gerade zu Beginn führte das auch zu vereinzelten Demonstrationen gegen den Krieg. Doch das »Zensurgesetz« vom Februar 2022 machte diese Aktionen zu einem riskanten Vorhaben. Es drohte nicht mehr »nur« der Verlust des Arbeits- oder Studienplatzes, es drohte auch die Inhaftierung bis zu fünfzehn Jahren. Es wurden selbst Leute verhaftet, die lediglich ein weißes Blatt Papier in die Höhe hielten. Die Repression in Russland geht bis Jahre vor den Krieg zurück: Opposition, unabhängige Journalistinnen und Aktivisten von Nichtregierungsorganisationen mussten ins Exil gehen oder wurden verhaftet. In der Rückschau waren die repressiven staatlichen Handlungen der gelungene Versuch, die institutionellen und die personellen Stützen der Opposition zu zerschlagen. Eine Entwicklung, die durch den Krieg noch deutlich an Dramatik zugenommen hat. Unmittelbar nach Kriegsbeginn gab es eine starke Emigrationswelle. Oppositionelle Politiker und unabhängige Journalisten, die im Land geblieben waren, wurden zu langen Haftstrafen verurteilt. Durch die Verurteilungen der Oppositionspolitiker Aleksej Navalnij, Vladimir Kara-Murza, Andrej Pivovarov oder Ilja Jašin waren die oppositionellen Kreise personell stark geschwächt. Die »kreative Klasse« konnte deshalb keinen nennenswerten Widerstand gegen die Kriegsentscheidung Putins organisieren.

In der Rückschau waren die repressiven staatlichen Handlungen der gelungene Versuch, die institutionellen und die personellen Stützen der Opposition zu zerschlagen.

Putin machte auch früh klar, was er von den politischen Vertretern der kreativen Klasse hält: Im März 2022 erklärte er: »Jedes Volk, und insbesondere das russische Volk, wird immer die wahren Patrioten von dem Abschaum und den Verrätern unterscheiden können, um diese einfach auszuspucken wie eine Mücke, die versehentlich in ihren Mund geflogen ist.«[10]

Volksabstimmungen

Unmittelbar anschließend an die Ankündigung der Teilmobilisierung ließ die russische Führung in den besetzten Regionen der Ukraine »Volksabstimmungen« abhalten. Die Bewohner der besetzten vier ukrainischen Regionen sollten über einen Beitritt zu Russland entscheiden. Diese Abstimmungen waren natürlich nicht demokratisch. Viele Menschen hatten vor dem heftigen Beschuss und der Zerstörung flüchten müssen und waren deshalb gar nicht in der Lage, an der Abstimmung teilzunehmen. Die zurückgebliebenen Bürgerinnen und Bürger dieser besetzten Regionen wurden zur Teilnahme an der Abstimmung gezwungen und mussten ihre Stimmen schlussendlich unter den Blicken russischer Soldaten abgeben. Auch gibt es keinen unabhängigen Bericht über die Auszählung der abgegebenen Stimmen.

Offiziell gab es in allen vier Regionen eine klare Mehrheit für den Beitritt zur Russischen Föderation. Dieser erfolgte nach russischer Rechtsauffassung am 30. September 2022. Russland beanspruchte die Zugehörigkeit dieser Regionen in den ukrainischen Verwaltungsgrenzen, und das, obwohl es nicht einmal alle Regionen zur Gänze unter seiner Kontrolle hatte. In weiterer Folge sollte es Russland auch nicht gelingen, diese Teile zu erobern.

Am 8. Oktober 2022, einen Tag nach Vladimir Putins Geburtstag, kam es auf der »Krim-Brücke« (Brücke über die Straße von Kerč) zu einer gewaltigen Explosion. Die Brücke war ein wichtiges Symbol für Russlands Herrschaftsansprüche auf Teile der Ukraine. Putin ließ sie nach der Annexion der Krim 2014 errichten, um das russische Festland mit der Halbinsel zu verbinden. Mit ihrer Straßen- und Eisenbahnroute ist die Brücke zentral für die Versorgung russischer Truppen im Süden und Osten der Ukraine. Obwohl sich die Ukraine erst viel später zu dieser Militäraktion bekennen wird, reagierte Russland mit einer lang andauernden Welle von Angriffen auf zivile Infrastruktur. Kraftwerke und Anlagen zur Wärme-, Strom- und Wasserversorgung der ukrainischen Bevölkerung wurden beschossen und (teilweise) zerstört. Entgegen dem völkerrechtlichen Verbot von Angriffen auf zivile, nicht militärisch genutzte Infrastruktur im Kriegsfall hat Russland über viele Monate hinweg genau diese Ziele mit Marschflugkörpern, ballistischen Lenkwaffen und vom Iran gelieferten Drohnen zu zerstören versucht.

Die russische Führung verfolgte mit dieser Kampagne vier Ziele. Zunächst sollte die Widerstandskraft und der Widerstandswille der ukrainischen Bevölkerung angesichts der Unterversorgung mit Strom, Wasser und Wärme gebrochen werden. Zudem sollte die ukrainische Führung zu Verhandlungen gezwungen werden. Gleichzeitig war es auch ein Angriff auf die Wirtschaft des Landes, vor allem auf die Rüstungsindustrie, die angesichts ausbleibender Stromversorgung zu Produktionsunterbrechungen gezwungen werden sollte. Zuletzt erwartete sich Putin wohl eine erneute Fluchtwelle in die EU, die er damit zu schwächen versuchte.

Mit dieser monatelangen brutalen Angriffswelle hat Russland aber keines seiner vier

Ziele erreicht. Sie hat im Gegenteil sogar dazu geführt, dass die Ukraine verstärkt versucht hat, Kriegshandlungen auf russisches Territorium zu tragen. In den russischen Grenzregionen Brjansk, Kursk und Belgorod, aber selbst bis nach Moskau, gab es ukrainische Drohnenangriffe und Beschuss durch Mehrfachraketenwerfer. Mit den immer häufiger werdenden Bombardierungen wollte die Ukraine zum einen der russischen Bevölkerung zeigen, dass der Krieg nicht fernab stattfindet, sondern zu ihnen nach Hause kommt. Sie sollten spüren, dass Russland im Krieg ist. Außerdem zeigte die Ukraine den Bürgern und Bürgerinnen Russlands, dass der Staat nicht in der Lage war, sie zu beschützen. Und: Durch die stete Möglichkeit weiterer Drohnenangriffe sollte Russland zum Schutz der eigenen Bevölkerung gezwungen werden, militärisches Equipment von der Frontlinie abzuziehen. Die Ukraine wollte mit den erfolgreichen Angriffen auch die Moral in der Bevölkerung und der Armee hochhalten, indem sie demonstrierte, dass die Ukraine gegen Russland zurückschlagen kann. Selbst in der Hauptstadt schafften es die von der ukrainischen Industrie gefertigten kleinen Drohnen, Schaden anzurichten. Waffen aus dem Westen wurden dabei nicht verwendet.

Gerüchteweise musste die Ukraine ihren westlichen Unterstützern versprechen, keine ihrer Waffen auf russischem Territorium einzusetzen. Mehrmals explodierten solch umgerüstete Drohnen an Hochhäusern und zerstörten Glasfassaden von Bürogebäuden; Tote gab es dabei nach offiziellen Angaben bislang keine, wohl aber verletzte Zivilisten. Im Mai 2023 kam es sogar zu einer Explosion von abgewehrten Drohnen am Senatsgebäude des Kremls. Es war der erste größere Drohnenangriff auf Moskau.

Gleichzeitig mit der Drohnen-Offensive griffen zwei Freiwilligenverbände russische Grenzregionen an. Die paramilitärischen Formationen »Freiwilligenkorps Russlands« und die »Legion Freiheit Russlands« bestanden vor allem aus ethnischen Russen, wurden von der Ukraine aber logistisch und mit Waffen unterstützt. Vor allem das Freiwilligenkorps, das im August 2022 gegründet wurde, hat einen neonazistischen Hintergrund; ihr Gründer und Anführer ist der bekannte russische Rechtsextremist Denis Kapustin. In Russland ist Kapustin, der sich selbst Denis Nikitin nennt, als »Terrorist« eingestuft. Ziel des Freiwilligenkorps ist der Sturz Putins. Die Legion »Freiheit Russlands« wurde aus russischen Soldaten gebildet, die während des Krieges auf die ukrainische Seite übergelaufen sind. Anführer der Legion ist ein ehemaliger Physiotherapeut, der unter dem Kampfnamen »Caesar« auftritt. Teilen der Legion wird rechtsextremistisches Gedankengut nachgesagt. Beide paramilitärischen Formationen sind in die Internationale Legion der ukrainischen Streitkräfte integriert. Politisch relevant sind sie in Russland beide nicht.

Die Winter- und Sommeroffensive

Im Winter von 2022 auf 2023 blieb die Frontlinie nahezu unverändert. Die russische Seite versuchte sich zwar an einer Winteroffensive, musste dabei aber hohe Verluste hinnehmen, ohne nennenswerte Gebiete dazugewinnen zu können. Danach gab es eine relative Ruhephase, mit Ausnahme der blutigen Schlachten um die ostukrainische Stadt Bachmut, die von russischen Verbänden, vor allem Angehörigen der privaten Militärfirma »Gruppe Wagner«, im Mai 2023 schließlich eingenommen werden konnte. Im Juni 2023 hat die Ukraine ihre lange angekündigte Gegenoffensive begonnen, um die russisch besetzten Gebiete zurückzuerobern. Zu diesem Zeitpunkt war die Ukraine im Besitz von komplexen westlichen

Waffensystemen. Nicht nur wie anfangs Panzerabwehrraketen, nicht nur Manpads, also schultergestützte Raketen zum Abschuss feindlicher Flugzeuge, sondern auch sehr effiziente Luftabwehrsysteme, Artillerie, Panzer und Flugzeuge aus ehemals sowjetischer Produktion. Im Jänner 2023 war auch die deutsche Regierung von ihrer Position abgerückt, keine westlichen Kampfpanzer zur Verfügung stellen zu wollen. Großbritannien lieferte Challenger-Panzer, Frankreich Leclerc-Panzer und Deutschland stellte den ukrainischen Streitkräften den Leopard-2 und den Leopard-1 zur Verfügung. Die Haltungsänderung Deutschlands hing auch damit zusammen, dass die Biden-Administration zeitgleich die Abgabe der hochmodernen M1-Abrams-Panzer an die Ukraine bekanntgab. Während Leopard-Panzer in der Folge relativ rasch an die ukrainische Armee übergeben wurden (wenn auch in überschaubarer Stückzahl), erhielt die Armee den M1-Abrams erst Ende September 2023.

Der Westen unterstützte die Ukraine aber nicht nur mit Waffenlieferungen, sondern auch in der Kriegsführung. Westliche Staaten — allen voran die USA, aber auch Großbritannien — lieferten der Ukraine Informationen über russische

Truppenbewegungen, über russische Munitions- und Waffendepots, Öllager, Verbindungslinien in Echtzeit. Nur so konnte die Ukraine die neu gelieferten Waffensysteme so effektiv gegen russische Ziele einsetzen. Das führte zu erheblichen Verlusten von russischem Gerät und zerstörten Waffen- und Munitionsdepots im Hinterland.

Trotz der militärischen Unterstützung des Westens hat die im Juni 2023 begonnene ukrainische Sommeroffensive, anders als von vielen Beobachtern erwartet und im Westen erhofft, bis zur Beendigung dieses Manuskripts zu keinen nennenswerten Rückeroberungen geführt. Das liegt auch daran, dass Russland ein halbes Jahr Zeit hatte, sich auf eine Gegenoffensive vorzubereiten. Russische Truppen zogen in den besetzten Regionen dicht gestaffelte, mehrfache Verteidigungslinien, legten Minenfelder, hoben Panzergräben aus und errichteten Panzersperren. Ein Vorankommen am Boden war für die ukrainischen Soldaten daher nur sehr kleinräumig möglich. Das hängt auch damit zusammen, dass die ukrainische Armee der relativen Luftüberlegenheit der Russen an der Frontlinie (Kampfhubschrauber und -flugzeuge) nicht ausreichend Luftabwehrsysteme entgegensetzen konnte. Im

Gegenzug gelang es Russland so, militärisches Gerät aus dem Westen zu zerstören.

Die Kampfhandlungen entfalteten sich an vier Achsen: in der Region Zaporižžja mit Geländegewinnen der ukrainischen Armee bei Robotyne, nördlich und südlich von Bachmut in der Region Donezk sowie russischen Vorstößen bei Kupjansk, Lyman in der Region Charkiv und Avdijivka in der Region Donezk. Nach den Verlusten an Material und Personal am Beginn der Sommeroffensive hat die ukrainische Armee ihre Strategie geändert und ist von Vorstößen von größeren Verbänden mit schweren Waffen weitgehend abgegangen, um nur mehr mit kleineren Trupps vorzustoßen und die russischen Stellungen vor allem durch die eigene Artillerie auszuschalten. Völlig gescheitert ist die ukrainische Offensive aber nicht. Es gelang vielmehr im rückwärtigen Raum, weit hinter der Frontlinie, russische Logistik, Kommandozentralen und Nachschublinien anzugreifen, zu behindern und in einigen Fällen zu zerstören. Eine russische Versorgung der Truppen in den besetzten Gebieten erweist sich dadurch als immer schwieriger.

Schon vor Beginn der Sommeroffensive hatten westliche Staaten — Frankreich und das

Vereinigte Königreich — die militärische Unterstützung der Ukraine auf die Lieferung von Marschflugkörpern mit einer Reichweite von 250 Kilometer ausgeweitet. Die Ukraine konnte mit den britischen Storm Shadow und den französischen, nahezu baugleichen, SCALP die russische Logistik hinter der Frontlinie angreifen. Auch mit Deutschland ist Kiev seit vielen Monaten in Gesprächen, um den Marschflugkörper Taurus geliefert zu bekommen. Dieser deutsche Marschflugkörper hat eine Reichweite von bis zu 500 Kilometer und könnte so tief ins russische Territorium vordringen. Der deutsche Bundeskanzler Olaf Scholz zögert deshalb noch, während sich seine Koalitionspartner Grüne und FDP für eine Lieferung aussprechen. Selenskyj hat zwar immer wieder betont, dass keine westlichen Waffen auf russischem Territorium eingesetzt werden würden, doch das Vertrauen von Scholz ist in dieser Frage wohl nicht hoch genug. Sollte Deutschland den Taurus liefern, bleibt die Frage, mit welchen Flugzeugen er abgefeuert werden könnte. Der Marschflugkörper kann derzeit von amerikanischen F-15, schwedischen Saab Gripen und dem Eurofighter Taifun verwendet werden. Kampfflugzeuge des Typs F-16, die vermutlich am Beginn des Jahres 2024 an die Ukraine geliefert werden, müssten dafür erst umgerüstet werden.

Innerhalb der NATO haben sich einzelne Bündnismitglieder für die Lieferung von westlichen Kampfflugzeugen, der amerikanischen F-16, ausgesprochen. Die Niederlande, Norwegen und Dänemark haben im Mai 2023 entschieden, dieses Kampfflugzeug nach Ausbildungsende ukrainischer Piloten an die Ukraine zu übergeben. Belgien erwägt derzeit F-16-Lieferungen ab 2025. Die niederländische Regierung von Ministerpräsident Martin Rutte war von Anfang an ein wichtiger Verbündeter der Ukraine. Das hängt vielleicht auch damit zusammen, dass es russische Söldner waren, die für den Abschuss des malaysischen Passagierflugzeuges MH17 im Juli 2014 verantwortlich waren, bei dem mehr als 190 niederländische Staatsbürger ums Leben kamen. Im August 2023 kündigten die Niederlande und Dänemark an, insgesamt etwa 60 F-16-Kampfflugzeuge an die Ukraine zu liefern, nachdem die USA ihre zwingend notwendige Erlaubnis dafür erteilt hatten.

Bis diese Flugzeuge tatsächlich eingesetzt werden können, wird allerdings noch geraume Zeit vergehen. Es müssen erst ukrainische Piloten an der F-16 ausgebildet werden, was Monate in Anspruch nehmen dürfte. Die Ukraine wird die ersten F-16 also wohl erst Anfang 2024 bekommen.

Nach Beginn der ukrainischen Offensive übergaben die USA Streumunition an die Ukraine (M864-Artilleriegeschosse), nicht zuletzt, um einen Mangel an Artilleriegeschossen auszugleichen. Streumunition ist von 109 Staaten geächtet, aber völkerrechtlich nicht verboten. Die USA hatten im völkerrechtswidrigen Angriffskrieg gegen den Irak im März 2003 großflächig Streumunition eingesetzt. Streumunition, von Artillerie oder Kampfflugzeugen abgeschossen, gibt Hunderte kleine Sprengkörper (*bomblets*) frei, die ein großflächiges Ziel zerstören können. Aber nicht alle diese kleinen Bomben detonieren auch, sondern bleiben für viele Jahre am Boden erhalten und sind daher auch eine Gefährdung der Zivilisten für lange Zeit.

Im August 2023 schließlich übergaben die USA Waffen aus abgereichertem Uran an die Ukraine. Das Material ist sehr hart, hat eine hohe Dichte und durchschlägt die Panzerungen russischer Militärfahrzeuge und Panzer. Diese Munition ist zwar weniger radioaktiv als natürliches Uran, aber sie ist chemisch giftig. Wird das Aerosol aus Uran- und Uranoxidpartikeln, das sich beim Aufprall der

Munition auf gepanzertem Untergrund bildet, eingeatmet, führt es zu schweren Schädigungen der inneren Organe, vor allem der Nieren. Fehlgeburten und Missbildungen treten auch sehr viel häufiger auf.

Im Oktober 2023 gelangten dann erstmals Boden-Boden-Raketen (ATACMS, Army Tactical Missile System) der USA in die Ukraine, die auf russische Flughäfen in Luhansk und Berdjansk eingesetzt wurden und zahlreiche russische Kampfhubschrauber zerstörten. Die bisher gelieferten ATACMS sind nur mit Streumunition ausgestattet und wurden in ihrer Reichweite gedrosselt.

Die ukrainische Führung hat immer wieder geklagt, der Westen liefere an Waffen und Munition zu wenig und zu spät. Das ist aus ukrainischer Sicht ein verständlicher Vorwurf. Aber neben den Vorbehalten mancher westlicher Regierungen, bestimmte Waffen zu liefern, war der gradualistische Ansatz bei den Lieferungen von immer effizienteren Waffen auch der Absicht geschuldet, herauszufinden, wo denn die rote Linie Russlands bei den Waffenlieferungen verläuft. Nachdem die russische Seite bei der Lieferung von Waffen und Munition — trotz vorheriger Drohung — dann doch nie oder kaum militärisch eskalierte, hat sich der Westen bei den Lieferungen immer weiter vorangetastet. Trotzdem darf von vergangenem Verhalten Russlands nicht auf zukünftiges geschlossen werden. Es kann durchaus sein, dass es eine russische rote Linie gibt, die, wenn überschritten, dann doch eine russische militärische Eskalation auslösen wird. Viele Eskalationsoptionen hat die russische Armee allerdings nicht mehr.

3

Die Reaktionen des Westens

Ein langsames Vortasten

Wie hat der Westen auf die russische Invasion reagiert? Im Hinblick auf die militärische Unterstützung zunächst langsam und vorsichtig. Wie schon erwähnt, lieferten die NATO-Staaten nach Kriegsbeginn aber immer mehr an Waffen und Munition: zuerst nur Anti-Panzer-Waffen (vor allem US-Javelin) und schultergestützte Luftabwehrraketen (US-Stinger); in weiterer Folge dehnten sie die Waffenlieferungen von Haubitzen über schwere Artillerie (u. a. US-HIMARS), Luftabwehrsysteme (IRIS-T, Patriot, NASAMS, Luftabwehrpanzer Gepard), Kampf-, Rad- und Schützenpanzer (Marder, Bradley, Leclerc, Challenger, Leopard-1 und Leopard-2, M1-Abrams) bis zu Marschflugkörpern (britische Storm Shadow, französische SCALP-EG) aus. Eine detailliertere Darstellung der westlichen Lieferungen von Waffen und Munition und deren Einsatz- und Wirkungsradius ist an dieser Stelle nicht weiter erforderlich. Bis Juli 2023 wurde global Waffenunterstützung in der Höhe von 90 Milliarden Dollar geleistet. Allein 42 Milliarden kamen von den USA.[11]

Darüber hinaus ist der Westen auch an der operativen Kriegsführung beteiligt. NATO-Staaten stellen wichtige Aufklärungsdaten in Echt-

Völkerrechtlich ist es also eindeutig, dass der Westen keine Kriegspartei ist, politikwissenschaftlich ist das nicht ganz so eindeutig.

zeit bereit. Allen voran die USA stellen der ukrainischen Armee die geografischen Koordinaten russischer militärischer Ziele zur Verfügung, die es der ukrainischen Armee erlauben, wertvolle Einrichtungen der russischen Armee anzugreifen und zu zerstören. Und trotzdem macht das jene Länder, die Waffen, Munition und Informationen liefern und es weiter tun, nicht zu Kriegsparteien. Völkerrechtlich gesehen nimmt der Westen nur die rechtskonforme Möglichkeit wahr, der Ukraine bei der Durchsetzung ihres Selbstverteidigungsrechts nach Artikel 51 der Charta der Vereinten Nationen zu helfen. Völkerrechtlich ist es also eindeutig, dass der Westen keine Kriegspartei ist, politikwissenschaftlich ist das nicht ganz so eindeutig. Hier muss man von einem »kriegsähnlichen Zustand« zwischen dem Westen und Russland sprechen. Die massive militärische und finanzielle Hilfe an die Ukraine, die Sanktionen gegen Russland, die völlige politische und diplomatische Isolation des Landes deuten auf einen »kriegsähnlichen Zustand« hin. Bisweilen sickert das auch in Wortmeldungen von EU-Politikern durch. Die deutsche Außenministerin Annalena Baerbock sagte denn auch in einer Rede vor der Parlamentarischen Versammlung des Europarates im Jänner 2023: »Denn wir kämpfen einen Krieg gegen Russland und nicht gegeneinander.«[12] Ihre niederländische Kollegin Hanke Bruins Slot sagte am 2. Oktober 2023: »Das ist nicht nur der Krieg der Ukrainer, sondern auch ein Krieg Europas als Kontinent.«[13]

Die zweite wesentliche Reaktion des Westens waren Sanktionen. Schon 2014, als Russland die Krim annektierte und die Aufstände in Teilen der Ostukraine unterstützte, hatten die Europäische Union, die USA und andere Länder Sanktionen verhängt. Der Europäische Rat beschloss bereits am 6. März 2014 einen dreistufigen Sanktionsplan. Im ersten Schritt wurden Gespräche über ein neues Grundlagenabkommen zwischen der EU und Russland ausgesetzt; Verhandlungen über Visa-Erleichterungen und die Aufnahme Russlands in die OECD (Organisation für Zusammenarbeit und Entwicklung) wurden gestoppt.

In der zweiten Stufe kam es zu »Blacklistings«. Russische Bürger und Unternehmen, aber auch Personen und Unternehmen der Krim wurden auf eine »schwarze Liste« gesetzt. Sie konnten fortan nicht mehr in die EU einreisen und ihre Wertgegenstände und Immobilien in EU-Staaten wurden konfisziert. Sie verloren damit Zugriff auf beträchtliche Teile ihres Vermögens. In diesem Schritt wurden auch Investitionen und der Warenhandel mit Unternehmen auf der Krim und in Sevastopol verboten. Erwartet wurde, dass sich russische Großindustrielle und Finanzakteure wegen der Sanktionierung durch die EU gegen Putin stellen würden. Diese Erwartung war aber illusorisch und ist bis heute nicht eingetreten. Die »Oligarchen« wissen, dass sie ihr Vermögen gewissermaßen wie ein Lehen von Putin bekommen haben. Stellen sie sich gegen den Präsidenten, nimmt er ihnen das Vermögen wieder weg und verteilt es auf loyale Akteure.

Die dritte Stufe der Sanktionen schließlich war die für Russland schmerzhafteste. Im Juli 2014 wurden weitreichende Wirtschafts- und Finanzsanktionen beschlossen, nachdem russische Söldner nach dem Urteil eines niederländischen Gerichts die zivile Passagiermaschine der Malaysian Airlines MH17 abgeschossen hatten. Dabei starben insgesamt 298 Menschen. Für die EU war das der Auslöser, endlich geeint dem Druck der USA nachzugeben und die zu diesem Zeitpunkt empfindlichsten Sanktionen zu verhängen: Neue Rüstungslieferungen nach Russland wurden verboten, sogenannte Dual-Use-Technologien, die zivil und militärisch verwendet werden können, mussten von den europäischen Wirtschaftsministerien extra geprüft und freigegeben werden. Russische Staatsunternehmen und Banken wurden de facto vom europäischen Finanzmarkt ausgeschlossen. Für sie war das eine Katastrophe, da sie — anders als der russische Staat — vor allem im Westen stark verschuldet waren. Sie konnten ihre Fremdkredite durch die Finanzsanktionen nicht mehr refinanzieren. Der russische Staat musste einspringen. Zuletzt beschloss die EU auch, einigen russischen Förderprojekten keine Ölfördertechnologie mehr zu verkaufen. Das machte es für Russland schwerer, neue Ölfelder zu erschließen, in Betrieb befindliche Ölfelder zu warten und neue Projekte in der Arktis, der Tiefsee sowie Schieferölexplorationen im Nordwesten Sibiriens zu starten.

Diese Sanktionen wurden damals zwischen den Vereinigten Staaten und der Europäischen Union eng synchronisiert. Die EU verlängerte die Sanktionen immer wieder einstimmig. Dazu muss gesagt werden, dass die EU dafür auch die Zustimmung aller Mitgliederstaaten braucht; Handelssanktionen können nur einstimmig beschlossen werden. In den Jahren danach gab es aber auch US-Alleingänge, die zusätzliche Sanktionen gegen Russland verhängten. Nicht zuletzt nach der mutmaßlichen Einmischung russischer Behörden in den US-Präsidentschaftswahlkampf im Jahr 2016, der Rolle Russlands im Syrienkrieg und der repressiven Entwicklung Russlands im Inneren.

Sanktionen nach dem Kriegsausbruch

Die nächste EU-Sanktionswelle mit bislang elf Sanktionspaketen begann am 21. Februar 2022, drei Tage vor Kriegsbeginn. Russland wurde für die Anerkennung der staatlichen Unabhängigkeit der selbsternannten »Volksrepubliken« Donezk und Lugansk sanktioniert. Mit dem Überfall auf die Ukraine begann dann eine große und umfassende Sanktionierung Russlands durch die EU und westliche Länder wie den USA, Kanada, Großbritannien, Australien, Neuseeland, Südkorea und Japan. In Europa machten auch die Nicht-EU-Staaten Norwegen und letztlich sogar die Schweiz bei den Sanktionen mit.

Was sind die wichtigsten Sanktionen der EU (und anderer westlicher Staaten)? Zunächst wurden zehn russische Großbanken vom Zugang zum Zahlungsinformationssystem SWIFT

(Society for Worldwide Interbank Financial Telecommunication) ausgeschlossen. Der Zahlungsverkehr zwischen russischen und internationalen Banken wurde dadurch unmöglich gemacht. Überraschend rasch wurden auch Sanktionen gegen die Russische Zentralbank verhängt; Transaktionen mit der »Bank Russlands« wurden verboten. Die Zentralbank hat dadurch den Zugriff auf annähernd 300 Milliarden USD ihrer Hartwährungsreserven, die auf westlichen Banken eingelegt waren, verloren. Diese Reserven wurden eingefroren. Die ukrainische und die osteuropäischen Regierungen fordern, diese Gelder zu beschlagnahmen und sie der Ukraine für den Wiederaufbau zur Verfügung zu stellen. Dafür gibt es aber erhebliche rechtliche Hürden, die von der EU bislang nicht übergangen werden konnten.

Auch der Transportverkehr zwischen Russland und der Europäischen Union wurde eingeschränkt. Russische Flugzeuge dürfen nicht mehr den Luftraum der EU nutzen, russische Schiffe keine europäischen Häfen mehr ansteuern; auch der Straßen- und Schienenverkehr wurde eingeschränkt. Russland hat dann auch Fluglinien der EU-Staaten verboten, den russischen Luftraum zu benutzen.

Höchst relevante Sanktionen wurden auch im Energiesektor beschlossen. Ab dem 10. August 2022 wurde von der Europäischen Union der Import von russischer Kohle verboten. Mit dem 5. Dezember 2022 wurde von der EU auch der Import von russischem Rohöl untersagt, sofern dieses mit Öltankern in EU-Häfen geliefert wurde. Pipeline-Lieferungen an osteuropäische Staaten wie Ungarn, die Slowakei oder die Tschechische Republik, die wesentlich von diesen Lieferungen abhängig sind, bleiben weiterhin zugelassen. Am 5. Februar 2023 schließlich verbot die EU den Handel mit russischen Ölprodukten wie Diesel, Benzin, Heizöl und Kerosin. Schon im Dezember 2022 hatte die EU zusammen mit den G7-Staaten eine Preisobergrenze für russische Ölexporte beschlossen. Der Preis für ein Fass (159,2 l) russisches Rohöl wurde mit 60 USD begrenzt. EU-Versicherer oder Reeder dürfen russisches Öl nicht versichern/transportieren, wenn dieses in Drittländern zu einem höheren Preis als 60 USD/Fass verkauft werden soll. Russland hat seine Ölexporte in der Folge nach Asien verschoben, allen voran nach Indien und China. Indien importiert das russische Öl zu einem niedrigeren Preis, verarbeitet das Öl in indischen Raffinerien und verkauft die gewonnenen Erdölprodukte dann teuer an EU-Staaten. Russland konnte aber durch den Einsatz alternativer Versicherer und der Einschaltung von Zwischenhändlern sein Öl immer häufiger über der Obergrenze von 60 USD verkaufen.[14]

Der Handel mit russischem Uran ist von den Sanktionen ausgenommen. Hier setzten sich Frankreich und Ungarn durch, die überdurchschnittlich hoch auf diese Uranlieferungen angewiesen sind. Auch weiterhin nicht untersagt sind Gasimporte aus Russland. Russland hat aber die Gaslieferungen in die EU schon ab Herbst 2021 immer weiter reduziert. Derzeit gelangt russisches Gas auch als Flüssiggas in die EU. Die Importmengen 2023 sind sogar höher als 2022. Leitungsgebundenes Gas wird in die EU noch über das Transitnetz der Ukraine exportiert und über die russischen Gasleitungen in die Türkei (Blue Stream und Turk Stream). Für den Transit durch das ukrainische Netz gilt zwischen Russland und der Ukraine ein Transitabkommen bis zum Ende des Jahres 2024. In der Zwischenzeit wurde von ukrainischen Regierungsmitgliedern wiederholt angekündigt, mit Russland nicht über eine Verlängerung des Transitabkommens verhandeln zu wollen und ab 2025 kein Gas mehr durchzuleiten.

Ein ebenfalls wichtiges Element waren Exportverbote von Hochtechnologie, allen voran von Halbleitern. Russland hatte zuvor hochqualitative Halbleiter aus dem Westen importiert. Auch die russische Rüstungsindustrie war wesentlich auf westliche Hochtechnologieprodukte angewiesen. Ein Stopp solcher Lieferungen ist auch deshalb schmerzhaft, weil Japan, Südkorea, Taiwan und Australien mitgezogen haben. Das Ziel war zweifellos, die Rüstungsproduktion hart zu treffen. Russland sollte nicht mehr in der Lage sein, gewisse Rüstungsgüter zu produzieren. Der russischen Führung gelang es zwar, ihren Bedarf zumindest teilweise aus anderen Quellen zu decken. Viele Ersatzprodukte aus China und anderen Staaten sind aber qualitativ nicht so hochwertig. Andere konnten nicht eins zu eins ersetzt werden.

Einige Staaten erkannten hier auch eine Geschäftsmöglichkeit und verhalfen Russland zu »Parallelimporten«. Die Türkei, Armenien, Georgien oder Kasachstan haben ihre Importe entsprechender Produkte aus der EU deutlich nach oben gefahren und einen Teil davon sanktionswidrig an Russland weiterverkauft. Höchstwahrscheinlich mit einem hohen Preisaufschlag, der den Kreml auch trifft. Die Sanktionen haben also selbst dann eine Wirkung, wenn sie umgangen werden.

Wirtschaftliche Bestrafung Russlands und andere Sanktionsabsichten

Es gab rasch Diskussionen, ob die Sanktionen Russland denn wirklich hart genug treffen würden. Viele Skeptiker meinten, die Europäische Union sei mindestens gleich negativ betroffen. Doch wie will man den Erfolg von Sanktionen bemessen? Das wichtigste Ziel von Sanktionen ist es, eine Verhaltensänderung beim sanktionierten Staat zu bewirken; das würde bedeuten, dass Russland unter dem Druck der Sanktionen seine Invasion in der Ukraine beendet. Dieses Ziel wurde von der EU offiziell nie angestrebt, weil von vornherein klar war, dass Sanktionen diesen Effekt nicht erreichen werden. Russland hat seinen Krieg weder beendet noch abgemildert.

Ein zweiter Effekt ist die Bestrafung eines Staates für missliebiges Verhalten. Die Wirtschaft und der Finanzmarkt eines Staates sollen geschädigt werden. Das ist zu einem gewissen Maß gelungen. Die russische Volkswirtschaft (BIP) ist 2022 in eine Rezession von (nach unterschiedlichen Angaben) 2,2 bis 2,7 Prozent geschlittert.

Die Sanktionen haben also selbst dann eine Wirkung, wenn sie umgangen werden.

Das klingt zunächst wenig, man muss allerdings bedenken, dass für 2022 ein BIP-Wachstum von 4,5 Prozent erwartet worden war. Es wurde also nicht nur das hohe Wachstum nicht realisiert, sondern die Wirtschaftsleistung ist eben noch zurückgegangen. Zudem ist darauf hinzuweisen, dass die durch den Krieg notwendig gewordenen steigenden Staatsausgaben das Bruttoinlandsprodukt des Landes in die Höhe trieben. Die russische Führung musste nicht nur viel Geld in die Rüstungsindustrie investieren, sondern auch in Sozialleistungen, um die Stimmung der Bürgerinnen und Bürger hochzuhalten. Das Bruttoinlandsprodukt kann also nur bedingt herangezogen werden, um den Status der russischen Wirtschaft zu bestimmen. Das gilt es auch zu bedenken, wenn der Internationale Währungsfonds das BIP-Wachstum Russlands für das Jahr 2023 im Oktober 2023 mit 2,2 Prozent prognostiziert.

Nach Kriegsbeginn stieg die Inflation in Russland anfangs auf bis zu 20 Prozent. Durch die drastische Erhöhung des Leitzinses durch die Russische Zentralbank konnte die Inflation 2022 deutlich reduziert werden; im April 2023 lag sie bei nur mehr 2,3 Prozent. Der Außenwert des russischen Rubels ist eine Zeit lang völlig eingebrochen, bis die Russische Zentralbank Gegenmaßnahmen ergriff. Vor allem über Kapitalverkehrskontrollen konnte der Kurs wieder einigermaßen stabilisiert werden. Geraume Zeit mussten russische Unternehmer ihre Exporterlöse in Fremdwährungen in Rubel umtauschen. Dieses präsidiale Dekret wurde später wieder aufgehoben, nur um im Jahr 2023 wieder eingeführt zu werden. Seit Jahresbeginn 2023 ist der Kurs der russischen Währung dennoch wieder deutlich zurückgegangen; insgesamt um 30 Prozent. Im Juli 2023 versuchte die Zentralbank abermals, durch die erneute Anhebung des (zwischenzeitlich stark zurückgegangenen) Leitzinses auf derzeit 15 Prozent und den Ankauf von Rubeln dieser Entwicklung entgegenzuwirken — bislang mit mäßigem Erfolg. Auch die Inflation ist 2023 wieder angestiegen, wenn auch bei Weitem nicht so dramatisch wie unmittelbar nach Kriegsbeginn. Sie lag Ende Oktober, als dieses Manuskript abgeschlossen wurde, nach russischen Behördenangaben bei fast 6 Prozent.

Es kam auch zu einem regelrechten Exodus ausländischer Unternehmen aus Russland. Adidas, Ikea, H&M, Unilever, McDonald's, Starbucks, Visa, die Deutsche Bank, Netflix, Walt Disney, Apple, Google, Uber und viele mehr zogen sich aus Russland zurück oder schränkten ihre Angebote deutlich ein. Andere westliche Unternehmen, darunter die österreichische Raiffeisenbank International und österreichische Unternehmen wie der Holzkonzern Egger oder die Agrana Beteiligungs-AG, sind trotz der Reputationskosten noch immer auf dem russischen Markt tätig.

Durch die hohen Verteidigungs- und Sozialausgaben, vor allem aber wegen der Mindereinnahmen bei den Exporten ist der Staatshaushalt in Russland unter erheblichen Druck geraten. Die russische Führung versucht, die Sanktionsfolgen teilweise mit dem 2006 geschaffenen Nationalen Wohlfahrtsfonds abzufedern. Vor Kriegsbeginn hatte dieser offiziell eine Einlage von 162 Milliarden Dollar; der Fonds hatte im November 2023 noch eine Einlage von 140 Milliarden USD. Berichten zufolge verwendet die russische Regierung diesen Fonds nun, um sein Haushaltsbudget einigermaßen stabil zu halten. Das russische Finanzministerium hat Ende September 2023 erklärt, das Haushaltsdefizit werde im Jahr 2023 maximal 2 Prozent des BIP ausmachen; wahrscheinlicher ist wohl ein Defizit von 2,5 Prozent.

Die Importe sind in den letzten Monaten deutlich gestiegen, die Einnahmen aus Exporten allerdings sind wesentlich zurückgegangen. Das hängt vor allem mit den sinkenden Einnahmen aus Öl- und Gasexporten zusammen. Die Einnahmen des Staates aus diesen Warenkategorien sind nach Angaben des russischen Finanzministeriums im ersten Halbjahr 2023 um 47 Prozent zum Vergleichszeitraum 2022 zurückgegangen.[15] Der russische Handel mit der Europäischen Union ist im Vergleich zum Vorjahr (2022) überhaupt eingebrochen. Die EU-Exporte nach Russland sanken um 51, die EU-Importe aus Russland sogar um 58 Prozent. Der Anteil von Importen aus Russland ist im Zeitraum von Februar bis Dezember 2022 von 9,5 auf 4,3 Prozent zurückgegangen. Von vormals 4 Prozent ist der Anteil Russlands an den EU-Exporten auf 2 Prozent eingebrochen.[16]

Die Bestrafungsabsicht der EU-Sanktionen wurde also teilweise realisiert, aber nicht in dem Ausmaß, wie es anfangs erwartet und von vielen erhofft worden war. Die russische Volkswirtschaft ist nicht kollabiert.

Sanktionen können grundsätzlich auch darauf ausgerichtet sein, die Kriegsführungsfähigkeit des sanktionierten Staates zu beschränken. Im konkreten Fall soll Russland finanziell immer weniger in der Lage sein, den Krieg zu finanzieren;

zugleich soll durch die Exportverbote für Hochtechnologie auch die Produktion von Waffen und Munition behindert werden. Die Wirkung solcher Sanktionen ist mittel- bis langfristig. Wie erfolgreich die Sanktionen in dieser Hinsicht sein werden, bleibt abzuwarten. Bislang ist die Sanktionswirkung nach den verfügbaren Informationen allerdings überschaubar. Russland konnte die Waffen- und Munitionsproduktion durch die kriegswirtschaftliche Organisation sogar deutlich steigern.

Mit Sanktionen kann der sanktionierte Staat auch politisch destabilisiert werden. Dieser mögliche Effekt hat zwei Dimensionen. Zum einen kann die Führungsriege des Landes destabilisiert werden, wenn sich ein Teil der Elite trotz der Sanktionen für die Fortsetzung des Krieges einsetzt, ein anderer Teil aber dem Sanktionsdruck des Westens nachgeben will. Dieser Druck kann zu einer Spaltung innerhalb des innersten Machtzirkels führen. Im konkreten Fall Russland zeichnet sich das allerdings nicht ab. Obwohl die persönlichen Kosten für viele involvierte Personen durch eingefrorene Vermögenswerte im Westen, die sich in vielen Fällen auch auf ihre Familien erstrecken, sehr hoch sind, gibt es kaum Anzeichen einer auseinanderdriftenden Führungsriege in Russland. Zum anderen kann die politische Destabilisierung auch erreicht werden, indem aufgrund der Sanktionswirkungen ein Keil zwischen die Bevölkerung und die politische Führung getrieben wird. Trotz gebotener Vorsicht vor Meinungsumfragen in repressiven Staaten gibt es diesbezüglich keinen empirischen Befund.

Schließlich haben Sanktionen auch eine Signalwirkung. Zunächst das Signal an Russland, dass der Angriffskrieg missbilligt wird. Eine Botschaft, die zweifellos angekommen ist, Russland aber nicht kümmert. Dann können die Sanktionen auch ein Signal an andere Staaten sein; diesen soll vorgeführt werden, was sie an Sanktionen erwarten würde, sollten sie auch einen völkerrechtswidrigen Krieg beginnen. Ob so ein Effekt tatsächlich stattgefunden hat, etwa im Hinblick auf Chinas Pläne, die militärische Kontrolle über Taiwan zu erlangen, lässt sich nicht sagen.

Wirtschaftliche und humanitäre Hilfe an die Ukraine

So wie die Ukraine diesen Krieg ohne die militärische Hilfe des Westens längst verloren hätte, wäre der ukrainische Staat auch finanziell schon längst zusammengebrochen, hätten westliche Staaten nicht stabilisierend eingegriffen. Vor allem die EU und die Vereinigten Staaten leisten regelmäßig massive Finanzhilfen. Die EU hat sehr hohe Summen aufgewendet, um die Ukraine liquide zu halten — ein Aspekt der Unterstützungen, der oft in den Hintergrund gerät. Die Europäische Kommission hat vorgeschlagen, von 2024 bis 2027 50 Milliarden Euro für die finanzielle Unterstützung der Ukraine vorzusehen. Das Europäische Parlament hat diesen Vorschlag mehrheitlich unterstützt. Die USA haben bis Herbst 2023 ca. 106,6 Milliarden Euro an militärischer, wirtschaftlicher und humanitärer Hilfe an die Ukraine geleistet.[17] Die weitere finanzielle und militärische Unterstützung der Ukraine ist in den USA aber zunehmend umstritten. Gerade in der Republikanischen Partei im Repräsentantenhaus gibt es dazu eine massive Gegnerschaft. Trotz des Ersuchens von Präsident Biden um Hilfe für die Ukraine im Umfang von 61 Millarden USD hat der Kongress das bis zur Drucklegung nicht genehmigt. Finanzmittel an die Ukraine kommen auch vom Internationalen Währungsfonds und der Weltbank — zwei globale Finanzinstitutionen, die von den westlichen Staaten dominiert werden.

Angeführt werden muss auch die humanitäre Hilfe des Westens, haben europäische Staaten doch Millionen Flüchtlinge aufgenommen, die sich vorerst, manche vielleicht auch dauerhaft, in diesen Ländern niederlassen können bzw. wollen. Annähernd 20 Prozent der ukrainischen Bevölkerung — mehr als 8 Millionen — sind aus dem Land geflohen. Mehr als die Hälfte haben sich in EU-Staaten niedergelassen, allen voran in Polen und Deutschland.[18] 4,8 Millionen ukrainische Flüchtlinge sind in der EU und in Großbritannien angekommen. Die ukrainischen Flüchtlinge erhalten in der EU »temporären Schutzstatus«; dieser gilt vorerst bis März 2025. Mit diesem Status erhalten die Geflüchteten ohne Asylverfahren einen Aufenthaltstitel, den Zugang zum Arbeitsmarkt und zu staatlichen Sozialleistungen. Zu erwähnen sind nicht zuletzt auch die Hilfsleistungen für jene Menschen, die innerhalb der Ukraine flüchten und weiterhin in einem Kriegsgebiet versorgt werden müssen.

4

Kriegsziele, Verhandlungsbereitschaft und ein mögliches Kriegsende

Die Ziele der Ukraine

Wie schon erwähnt, ging Russland mit maximalen Forderungen in die anfänglichen Verhandlungen im Februar und März 2022 und stellte Forderungen, die für die ukrainische Führung nicht akzeptabel waren. Einen russischen Diktatfrieden wollte auch die ukrainische Bevölkerung nicht. Trotzdem wurde bis Anfang April weiterverhandelt. Glaubwürdige Berichte über die Gespräche in Ankara (März 2022) besagen, dass die Ukraine unter der Vermittlung des türkischen Staatspräsidenten Recep Tayyip Erdoğan bereit gewesen wäre, auf eine Mitgliedschaft in der NATO zu verzichten und einen neutralen Status zu akzeptieren. Dieses angebliche Angebot ist aber nie verschriftlicht worden. Es gibt mehrere Gerüchte, weshalb dieses Abkommen letztlich doch nicht zustande gekommen ist. Manche sagen, Wolodymyr Selenskyj soll zu Hause keine politische Mehrheit dafür gefunden haben. Andere, dass ihn der damalige britische Premierminister Boris Johnson von dieser Einigung abbrachte. Wieder andere meinen, dass die gleichzeitig entdeckten Kriegsverbrechen Russlands in Buča und Irpin die Verhandlungsbereitschaft der Ukraine beendet hätten.

Bei dem Ziel,
das Territorium
von 1991
wiederherzustellen,
genießt die
Ukraine vor allem
die Unterstützung
der osteuropäischen
Staaten und
Großbritanniens.

Seit damals wurde der Verzicht der Ukraine auf den Beitritt zur NATO jedenfalls nicht mehr öffentlich diskutiert. Die politische Führung verfolgt nun ein maximales Kriegsziel: Die russischen Truppen sollen aus dem gesamten 1991 völkerrechtlich anerkannten Territorium der Ukraine vertrieben werden; die territoriale Integrität soll wiederhergestellt werden. Dazu gehört auch die Krim, die Hafenstadt Sevastopol im Süden und die 2014/15 besetzten Regionen im Donbass. Dieses maximalistische Kriegsziel der Ukraine lässt eine Perspektive auf Verhandlungen derzeit unmöglich erscheinen. Das Ziel ist nämlich gleichbedeutend mit einer desaströsen Kriegsniederlage Russlands; worüber sollte in einem solchen Szenario auch verhandelt werden?

Bei dem Ziel, das Territorium von 1991 wiederherzustellen, genießt die Ukraine vor allem die Unterstützung der osteuropäischen Staaten und Großbritanniens. Durch fortdauernde und vertiefte westliche Militär- und Finanzhilfe sei dieses Ziel für die Ukraine sogar erreichbar, argumentieren manche Beobachter und Beobachterinnen. Andere hingegen sind skeptischer und bedachter; sie sehen bei der Verfolgung dieses Ziels die Gefahr einer militärischen Eskalation. Denkbar wären eine horizontale und/oder vertikale Eskalation. Bei einer horizontalen Eskalation würden andere Staaten in den Konflikt hineingezogen. Das halte ich für sehr unwahrscheinlich. Alle Unterstützer der Ukraine sind darauf bedacht, nicht zur Kriegspartei zu werden. Das zeigt auch das Zögern Deutschlands bei der Lieferung weitreichender Marschflugkörper des Typs Taurus. Eine vertikale Eskalation wäre in der derzeitigen Situation der Einsatz von substrategischen Nuklearwaffen (nukleare Sprengköpfe mit niedrigerer Sprengkraft; auch taktische Nuklearwaffen genannt) mit beschränkter Zerstörungskraft durch Russland. So ein Szenario ist wohl nur denkbar, wenn Russland vor einer desaströsen Kriegsniederlage stünde — also dem Verlust der 2014 illegal annektierten Krim. Das ist derzeit nicht ersichtlich, deshalb halte ich auch das nukleare Eskalationsszenario für unwahrscheinlich, selbst wenn ein Restrisiko bleibt. Unterstützer der maximalen ukrainischen Kriegsziele argumentieren, Russlands implizite Drohungen mit dem Nuklearwaffeneinsatz seien nur ein Bluff, der auf die Verunsicherung der westlichen Bevölkerungen ziele. Der Westen solle sich nicht selbst abschrecken, d. h. aus Angst vor einer nuklearen Eskalation die militärische Unterstützung der Ukraine beschränken. Bedachte Beobachter argumentieren hingegen, der Westen sollte es nicht darauf ankommen lassen, ob Russland blufft. Die Konsequenzen eines Nuklearwaffeneinsatzes wären dazu schlicht zu gravierend.

Im Hinblick auf die ukrainischen Kriegsziele gibt es unter den Regierungen des globalen Westens keinen Konsens. Westliche Regierungen argumentieren öffentlich, es sei an der Ukraine, darüber zu entscheiden, welche Kriegsziele sie verfolgt, ob und wann sie zu Verhandlungen mit Russland bereit ist. Mit der Art der gelieferten Waffen und Munition entscheidet aber natürlich der Westen, wozu er die Ukraine militärisch befähigen will; er übt damit ein Mitspracherecht bei den ukrainischen Kriegszielen aus, das ist wohl auch gut so. Beispielhaft dafür ist der deutsche Bundeskanzler Olaf Scholz, der an seiner Formulierung festhält: »Russland darf (diesen Krieg) nicht gewinnen und die Ukraine darf (ihn) nicht verlieren.«[19] Was Scholz bisher nicht sagte, war, dass die Ukraine diesen Krieg gewinnen muss. Das könnte durchaus ein Hinweis darauf sein, dass er das Risiko einer vertikalen Eskalation nicht eingehen möchte.

Am 28. August 2023 deutete der ukrainische Präsident an, über die Zukunft der Krim verhandeln zu wollen, sobald seine Truppen sich bis zu den Verwaltungsgrenzen der Krim vorgekämpft hätten. Selenskyj sprach von einer Entmilitarisierung der Krim, die in Verhandlungen vereinbart werden soll. Das ist wohl kein glaubwürdiger Vorstoß für eine Verhandlungslösung. Dafür müsste Russland seine Truppen nämlich zuerst von der Krim abziehen. Ein Szenario, das völlig ausgeschlossen ist. Würde Russland dies tun, würde die Ukraine wohl sofort mit ihrer Armee das Gebiet der Krim einnehmen.

Schon im Herbst 2022 hatte die ukrainische Führung einen 10-Punkte-Plan vorgelegt, den sie »Friedensformel« nannte und an dem die ukrainische Führung bis heute festhält. Die wichtigsten darin enthaltenen Punkte sind:

1. Nukleare Sicherheit, mit Schwerpunkt auf der Wiederherstellung der Sicherheit rund um Europas größtes Kernkraftwerk Zaporižžja in der Ukraine, das seit März 2022 von russischen Truppen besetzt ist.
2. Ernährungssicherheit, einschließlich des Schutzes und der Gewährleistung der ukraini-

schen Getreideexporte über die ukrainischen Häfen am Schwarzen und am Asovschen Meer.

3. Energiesicherheit mit Schwerpunkt auf Preisbeschränkungen für russische Energieressourcen sowie Unterstützung der Ukraine bei der Wiederherstellung ihrer Energieinfrastruktur.
4. Freilassung aller Gefangenen und Deportierten, einschließlich der nach Russland deportierten Kriegsgefangenen und Kinder.
5. Wiederherstellung der territorialen Integrität der Ukraine in ihren völkerrechtlichen Grenzen von 1991.
6. Abzug der russischen Truppen und Einstellung der Feindseligkeiten.
7. Einrichtung eines Sondertribunals zur Verfolgung russischer Kriegsverbrechen.
8. Verhinderung einer Konflikteskalation und Aufbau einer Sicherheitsarchitektur im euroatlantischen Raum, einschließlich Garantien für die Ukraine.

Diese ukrainischen Forderungen für eine Friedenslösung werden von den G7-Staaten (USA, Kanada, Vereinigtes Königreich, Frankreich, Deutschland, Italien und Japan) und mehrheitlich von den Mitgliedsstaaten der Europäischen Union unterstützt. Darin wird Russland nicht nur zur Rückgabe der annektierten Regionen aufgefordert, sondern auch zu Reparationszahlungen. Obendrein sollen russische Kriegsverbrechen von Streitkräften und Söldnern, von Kommandeuren bis zum Oberbefehlshaber über die russische Armee Putin verfolgt werden. Vorbereitungstreffen zu einem »Friedensgipfel« wurden 2023 in Dänemark, Saudi-Arabien und Malta durchgeführt. Derzeit wird die Durchführung des Gipfels im Februar 2024 angestrebt.

So nachvollziehbar diese Friedensformel auch sein mag, sie ist keine taugliche Grundlage für Verhandlungen. Ähnlich wie die russischen Forderungen wäre auch dies ein, wenn auch legitimer, Diktatfrieden. Die Umsetzung dieser Forderungen würde eine desaströse Kriegsniederlage Russlands bedeuten; worüber sollte dann noch verhandelt werden?

Perspektiven einer Verhandlungslösung

Derzeit gibt es keine Aussichten für eine Verhandlungslösung zur Beendigung des Krieges. Sowohl Russland als auch die Ukraine erwarten sich noch immer den Sieg auf dem Schlachtfeld. Sie setzen auf den militärischen Erfolg, um ihre Konditionen für den Frieden durchsetzen zu können. Freilich erklären beide Kriegsparteien, dass sie zu Gesprächen bereit seien. Doch sie stellen dafür Bedingungen, die für die jeweils andere Seite nicht akzeptabel sind. Russland will, dass von der Ukraine die »Realitäten am Boden« anerkannt werden müssen. Die ukrainische Führung müsse die Zugehörigkeit der von russischen Truppen — wenn auch nur teilweise — besetzten Regionen Donezk, Luhansk, Zaporižžja und Cherson zu Russland anerkennen. Die Ukraine lehnt aber jegliche territoriale Zugeständnisse an Russland ab. Das gilt nicht nur für die politische Elite, sondern auch für die große Mehrheit der Bürgerinnen und Bürger, die die Formel »Land gegen Frieden« ablehnt.

Auch die Ukraine redet von der Bereitschaft zu Verhandlungen mit Russland, aber eben auch mit Vorbedingungen, die für die russische Kriegspartei nicht akzeptabel sind. Durch ein Dekret Selenskyjs sind keine Gespräche mit Putin selbst möglich. Man werde »mit dem nächsten Führer Russlands sprechen«, so das präsidiale Dekret. Nun, das kann dauern. Putin wird sich sehr wahrscheinlich im März 2024 wieder um das Präsidentenamt bewerben; wenn er das tut, dann bestehen auch keine Zweifel, dass er mit großer Mehrheit »gewählt« werden wird. Damit wäre Putin für weitere sechs Jahre im Amt und könnte sich 2030 sogar erneut für weitere sechs Jahre zum Präsidenten wählen lassen — wenn er so lange leben sollte. Auch die zweite Vorbedingung der Ukraine für den Verhandlungsbeginn ist unrealistisch. Die Führung verlangt, wie schon erklärt, den vollständigen Abzug russischer Truppen von der Krim, aus Sevastopol und den ost- und südukrainischen Regionen. Für Russland wäre dieses Zugeständnis schon vor Verhandlungsbeginn eine desaströse Kriegsniederlage.

Auf wirkliche Friedensverhandlungen wird man deshalb noch geraume Zeit warten müssen. Gleichzeitig ist es wichtig, dass im Hintergrund die Kommunikationskanäle mit Russland offen bleiben, um die wahren Verhandlungspositionen zu sondieren; natürlich auch jene der Ukraine.[20] Die dürften sich von denen unterscheiden, die öffentlich kundgetan werden. Selbst wenn diese Verhandlungen derzeit nicht stattfinden (können), ist es wichtig, sie vorzubereiten. Es gibt mehrere Akteure, die sich als Mediator, als Vermittler, bemühen. China, Brasilien, Indonesien, eine Koalition aus afrikanischen Staaten und die Türkei sind bisher daran gescheitert.

Wie könnte der Krieg dann zu einem Ende kommen?

Wenn beide Seiten derzeit an Verhandlungen nicht interessiert sind, außer solchen, in denen die eine oder die andere Seite den Frieden diktiert, stellt sich die Frage, wie dieser Krieg enden kann. Grundsätzlich sind drei Optionen für ein Kriegsende denkbar. Die erste Option ist die Intervention einer dritten Partei/dritter Parteien in den Krieg. Die intervenierenden Mächte zwingen die Kriegsparteien zu einem Kompromiss oder stellen sich auf die Seite einer Kriegspartei. Ein solches Szenario ist — nicht nur derzeit — völlig unrealistisch. Die westlichen Staaten sind an einer direkten Teilnahme an dem Krieg als Kriegspartei nicht interessiert. Das gilt natürlich auch für das Militärbündnis des Westens, die NATO.

Die zweite denkbare Option ist der militärische Sieg einer der beiden direkten Kriegsparteien. Die siegreiche Kriegspartei würde dann die Bedingungen für das Kriegsende und eine Friedenslösung diktieren. Danach sieht es derzeit aber nicht aus. Der Oberbefehlshaber der ukrainischen

Streitkräfte Zalužnyj hat Anfang November 2023 in der britischen Zeitschrift *The Economist* erklärt, es gäbe derzeit eine »Pattsituation«, die nur durch einen militärischen Technologieschub aus dem Westen aufgebrochen werden könne.[21]

Die dritte Option schließlich ist die militärische Erschöpfung der beiden Kriegsparteien. Sollten weder die Ukraine noch Russland einen militärischen Sieg auf dem Schlachtfeld mehr erwarten, könnten beide geneigt sein, einen Verhandlungskompromiss oder zumindest eine Waffenruhe zu erreichen. Ein Einfrieren des Konfliktes an der derzeitigen Frontlinie wird von manchen Beobachtern als erster Schritt für ein Kriegsende gesehen. Dabei ist zunächst zu sagen, dass eine Waffenruhe entlang der gegenwärtigen Frontlinie die russische Seite begünstigen würde. Die russische Armee könnte die Waffenruhe dazu nutzen, sich zu reorganisieren, neu auszurüsten und die Reihen der Soldaten wieder aufzufüllen. Die Gegner einer Waffenruhe verweisen zu Recht darauf, dass Russland nach einer längeren Kampfpause dann erneut zu einer kriegerischen Operation gegen die »Restukraine« schreiten könnte. Das wäre keineswegs ausgeschlossen. Dasselbe gilt natürlich auch für die ukrainische

Kriegspartei. Auch sie könnte sich während einer Kampfpause regenerieren und neu ausrüsten, um dann die Kampfhandlungen wieder aufzunehmen. Wenn es also zu einer verhandelten Waffenruhe kommen sollte, wäre es daher geboten, die Ukraine militärisch massiv aufzurüsten, um eine erneute russische Aggression glaubwürdig abschrecken zu können.

Von allen drei skizzierten Optionen für ein Kriegsende sind wir in der Ukraine derzeit aber weit entfernt. Der Krieg wird also weitergehen. Wie lange er noch dauert, ist nicht seriös prognostizierbar.

5

Konsequenzen des Krieges — für die Kriegsparteien, den Westen und den Rest der Welt

Konsequenzen des Krieges für Russland

Russland ist zwar der Aggressor dieses Krieges, leidet selbst dennoch stark unter dessen Folgen. Die gravierendste Auswirkung des Überfalls ist die vollständige politische und diplomatische Isolation des Landes durch den globalen Westen. Lediglich die Türkei ist hier eine Ausnahme, die zwar den russischen Angriffskrieg verurteilt, aber die westlichen Sanktionen nicht mitträgt. Die Isolation Russlands wird so lange aufrechterhalten werden, solange Vladimir Putin an der Macht ist. Ein Auftauen der Beziehungen vor einem Machtwechsel in Russland ist kaum vorstellbar. Die Sanktionen der EU werden zu einer teilweisen Entkoppelung der Wirtschaftsbeziehungen zwischen Russland und der EU führen. Besonders sichtbar ist das im Bereich der Energiezusammenarbeit; spürbar aber auch in vielen anderen Handelsbereichen. Das ist für beide Seiten schmerzvoll, da die EU und Russland eigentlich komplementäre Volkswirtschaften sind, deren Zusammenarbeit für beide Seiten vorteilhaft wäre. Die EU besitzt viel Know-how und das Kapital, Russland verfügt über die Rohstoffe. Es ist aber nicht absehbar, wann sich Handel und Investitionen zwischen der EU und Russland wieder intensivieren werden. Das Konzept der Annäherung durch Interdependenz — wirtschaftliche, finanzielle und humanitäre Vernetzung führen zur Annäherung der Staaten — muss seit Kriegsbeginn auf jeden Fall als gescheitert gelten. Es wird für lange Zeit, wenn nicht für immer, diskreditiert bleiben.

Die Sanktionen und die diplomatische Isolation treiben Russland in eine wachsende Abhängigkeit von China; immer mehr, aber deutlich weniger stark von Indien. Die Beziehungen zwischen China und Russland nach dem Zusammenbruch der Sowjetunion 1991 sind immer intensiver geworden, auch wenn man derzeit definitiv nicht von einer Allianz dieser beiden Staaten sprechen kann. Es ist wohl mehr eine umfassende Zweckgemeinschaft; beide Staaten stellen sich gemeinsam gegen den Vormachtsanspruch und die Dominanz der USA und fordern die Durchsetzung einer multipolaren Ordnung. Seit 2014 spätestens ist die bilaterale Beziehung aber durch wachsende Asymmetrie gekennzeichnet. Russland braucht China stärker als umgekehrt. China ist in vielen Bereichen technologisch, wirtschaftlich und militärisch überlegen. Erwartungen in der russischen

Seit 2014 spätestens
ist die bilaterale
Beziehung
aber durch wachsende
Asymmetrie
gekennzeichnet.
Russland braucht
China stärker
als umgekehrt.

Führung, die chinesische Regierung wäre bereit und fähig, die Folgen der westlichen Sanktionen abzumildern, haben sich nicht zur Gänze erfüllt. China duldet über informelle Kanäle zwar den begrenzten Handel von sanktionierten Gütern mit Russland, doch Peking ist nicht bereit, die gesamten wirtschaftlichen und finanziellen Konsequenzen der westlichen Sanktionen aufzufangen. China muss selbst Sanktionen befürchten, sollten chinesische Unternehmen nachweisbar sanktionierte Güter an Russland liefern. Die USA und die EU haben schon angekündigt, in diesem Fall Sekundärsanktionen verhängen zu wollen. Das kann sich China, das sich derzeit in einer wirtschaftlich misslichen Lage befindet, schlicht nicht leisten.

Putins zentrales staatspolitisches Ziel war seinen eigenen Aussagen zufolge immer, die Souveränität Russlands abzusichern und sein Land so stark zu machen, dass ihm niemand seinen Willen aufzwingen könne. Diese Autonomie und außenpolitische Souveränität ist durch die wachsende Abhängigkeit von der Volksrepublik China ernsthaft gefährdet. Putins Überfall auf die Ukraine untergräbt also ein Stück weit Russlands Souveränität.

Außerdem hat der Krieg das russische Militär entzaubert. Mit der 2009 begonnenen Modernisierung der russischen Streitkräfte und den Einsätzen auf der Krim 2014 und in Syrien ab 2015 hatte sich, nach Ansicht vieler Beobachter, angeblich eine starke, leistungsfähige Armee entwickelt. Nun hat sich gezeigt, dass das in dieser Reichweite nicht stimmt. Trotz der hohen Summen, die in die Modernisierung der Ausrüstung gesteckt wurden, trotz einer Reorganisation, trotz einer verbesserten Ausbildung und trotz eines Zuwachses an Soldaten zeigte die ukrainische Armee deutliche Schwächen in der Kriegsführung Russlands auf. US-Außenminister Antony Blinken sagte bei einer Rede in Finnland: »Der Kreml hat oft behauptet, das zweitstärkste Militär der Welt zu haben, und viele glaubten es. Heute sehen das russische Militär viele als das zweitstärkste in der Ukraine an.« (*»The Kremlin often claimed it had the second strongest military in the world — and many believed it. [...] Today, many see Russia's military as the second strongest in Ukraine.«*[22]) Eine zynische Äußerung, aber eine mit ein wenig Wahrheitsgehalt. Russland wird langfristig militärisch geschwächt bleiben und Jahrzehnte brauchen, um die Leistungsstärke seines Militärs auf Vorkriegsniveau wiederzuerlangen.

Zu viel Ausrüstung wurde bisher zerstört und zu viel hochqualifiziertes, militärisches Personal ist gefallen oder kriegsversehrt.

Der Krieg hat zudem eine noch weiter gehende repressive Unterdrückung von Dissidentenstimmen in Russland mit sich gebracht. Russland war schon zuvor autoritär verfasst, doch seit 2019 haben die Repressionen zugenommen: Die russische Führung hat die institutionellen Strukturen und die personelle Grundlage der russischen Opposition zerschlagen. Viele sind entweder im Exil oder im Gefängnis. Zahlreiche unabhängige Medien wurden verboten, politisch unabhängige Nichtregierungsorganisationen diskreditiert. Man kann durchaus vermuten, dass vieles davon schon in Vorbereitung auf die Invasion passiert ist. Man wollte keine effektive russische Opposition im Inneren haben, wenn der Krieg beginnt. Und seitdem er begonnen hat, wurden die repressiven Maßnahmen nur noch weiter verstärkt. Es gibt strenge Zensurgesetze, neue Verbote für Medien und NGOs. Der wichtigste russische Oppositionelle, Aleksej Navalnij, wurde ebenso eingesperrt wie die ihm gleichgesinnten Ilja Jašin, Andrej Pivovarov und Vladimir Kara-Murza.

Eine erhebliche Zahl russischer Bürger und Bürgerinnen ist seit Kriegsbeginn aus Russland geflüchtet bzw. emigriert. Die erste Welle fand unmittelbar nach Kriegsbeginn statt; eine zweite Welle löste die Teilmobilmachung durch Putin im September 2022 aus. Schätzungen gehen davon aus, dass seit dem 24. Februar 2022 mindestens 650.000 Russinnen und Russen das Land verlassen haben. Für Russland bedeutet das auch einen massiven Braindrain, einen Verlust von hochqualifizierten Fachkräften, besonders stark im IT-Sektor. Viele wollten sich der Repression entziehen, vielen sahen wegen der westlichen Sanktionen keine Karriere- und Wohlstandsperspektiven mehr für sich. Die Abwanderung von Humankapital wird die wirtschaftliche Gesundung nach einem Kriegsende für lange Zeit sehr schwierig machen. Die russische Wirtschaft ist durch die Auswanderung und die Mobilisierung von Reservisten derzeit von einem starken Fachkräftemangel betroffen.

Vladimir Putins Entscheidung, die Ukraine zu überfallen, hat Russland nicht nur nicht stärker werden lassen, wie Putin es anstrebt, sondern das Land wurde dadurch geopolitisch, militärisch, technologisch und ökonomisch schwächer. Das musste wohl auch Putin erwarten. Seine revisionistischen Ambitionen sind ihm allerdings wichtiger als das ökonomische, soziale und finanzielle Wohlergehen des Landes.

Konsequenzen für die Ukraine

Als Russland in die Ukraine einmarschierte, erwarteten viele, dass die Ukraine, wenn sie nicht zur Gänze erobert werden würde, zumindest große territoriale Verluste hinnehmen müsste. Russische Soldaten konnten im Süden der Ukraine rasch vorstoßen und die Ukraine nach einigen Monaten von der Küste des Asovschen Meeres trennen. Die Befürchtung war, dass die russische Armee die gesamte Schwarzmeerküste erobern und die Ukraine zu einem Binnenstaat machen könnte. Dazu ist es nicht gekommen. Der Widerstand der ukrainischen Streitkräfte, ihrer politischen Führung und ihrer Bevölkerung war zu stark. Derzeit ist es vollkommen offen, welche Regionen Russland besetzt halten oder noch dazugewinnen kann. Wie hoch die territorialen Verluste letzten Endes tatsächlich sein werden, ist deshalb noch nicht abschätzbar. Es kann der ukrainischen Armee im günstigsten Fall auch gelingen, die russischen Soldaten gänzlich aus der Ukraine zu vertreiben.

Der Krieg hat bislang immense Schäden an der ukrainischen Infrastruktur bewirkt und das BIP der Ukraine 2022 um 29,2 Prozent zurückgehen lassen — um ein Vielfaches stärker als der BIP-Einbruch in Russland von 2,1 Prozent. Im günstigsten Fall gelingt der Ukraine 2023 ein leichtes Wirtschaftswachstum. Doch Russland hat seit Kriegsbeginn, deutlich verstärkt ab Oktober 2022, immer mehr an ukrainischer Infrastruktur zerstört. Brücken, Bahnhöfe, Elektrizitätswerke, Straßen und Eisenbahnlinien wurden zerstört. Die Versorgung mit Energie, Wasser und Wärme war immer wieder unterbrochen und konnte nur mit westlicher technischer Hilfe immer wieder hinreichend instand gesetzt werden. Diese russischen Angriffe auf — nicht militärisch genutzte — zivile Ziele waren und sind Kriegsverbrechen.

Die Kriegshandlungen schrecken natürlich viele potenzielle Investoren ab; einige Unternehmen haben sich aber neu in der Ukraine niedergelassen; vor allem in den weniger kriegsbetroffenen westlichen Landesteilen. Durch die fortgesetzten Zerstörungen ist noch nicht abzuschätzen, wie viel der Wiederaufbau der Ukraine nach Kriegsende kosten wird. Dann werden es vor allem die EU und andere westliche Staaten sein, die massive Wiederaufbauhilfe leisten werden. Die Ukraine kann das allein nicht finanzieren. Es wird eine Mischung aus Zuschüssen und Krediten sein, die der Westen zur Verfügung stellen muss, um das Land wieder aufzubauen.

Wie schon erwähnt, gab es auch aus der Ukraine eine starke Fluchtbewegung. Es waren vor allem Frauen und Kinder, die das Land verlassen haben und teilweise wohl nicht mehr in die Ukraine zurückkehren werden. Männer im Alter von 18 bis 60 Jahren dürfen seit Kriegsbeginn — nach der Verhängung des Kriegsrechtes — die Ukraine nicht verlassen. Es gibt Ausnahmeregeln; viele ukrainische Männer aber haben gefälschte Ausreisegenehmigungen für teures Geld gekauft; viele Männer haben die Ukraine auch über die grüne Grenze verlassen. Für die ukrainische Wirtschaft bedeutet die hohe Flüchtlingszahl — analog zu Russland — einen großen, zumindest vorübergehenden, Verlust an Humankapital (*brain drain*).

Ein umstrittenes Thema ist die Westannäherung der Ukraine — allen voran an die NATO und die EU. Nur wenige Tage nach Kriegsbeginn stellte die Ukraine einen Beitrittsantrag an die Europäische Union. Im Juni 2022 wurde der Ukraine der Status eines Beitrittskandidaten gewährt. Das sollte der Bevölkerung auch Hoffnung auf eine prosperierende Zukunft geben. Zwar hat die ukrainische Führung ein Schnellverfahren zur Aufnahme in die EU gefordert, aber die Verhandlungen über den Beitritt — sollte sie der Europäische Rat im Dezember 2023 beschlossen haben —, wird wohl lange dauern. Weder ist die Ukraine derzeit beitrittsfähig noch die EU erweiterungsfähig. Bevor neue Staaten aufgenommen werden können, müssen die derzeitigen Mitgliedsstaaten der EU wohl die vertraglichen Grundlagen der Union stark verändern; vor allem in Hinsicht auf die weitestgehende Verankerung von Mehrheitsbeschlüssen. Ansonsten droht in einer noch mehr Mitglieder zählenden Union in einigen Bereichen Stillstand. Außerdem darf die EU nicht die anderen Beitrittskandidaten am Westbalkan aus den Augen verlieren, die teilweise jahrzehntelang auf den Beginn von Beitrittsverhandlungen warten.

Die Aufnahme der Ukraine würde jedenfalls eine Verschiebung des Gravitationszentrums der Europäischen Union nach Osten bedeuten. Die deutsch-französische Achse würde durch eine osteuropäische Achse, getragen von Polen und der Ukraine, nachhaltig geschwächt werden.

Offen ist noch immer, ob und wann die Ukraine in das Militärbündnis NATO aufgenommen wird. Die osteuropäischen Staaten haben sich vehement dafür ausgesprochen, der Ukraine rasch eine konkrete Mitgliedschaftsperspektive zu geben. Manche drängten sogar auf die Einladung der Ukraine zum NATO-Gipfeltreffen im Juli 2023 in Vilnius. Aber so wie es dafür schon 2008 keinen Konsens unter den Mitgliedsstaaten gegeben hat, fehlt dieser auch heute. Während die USA 2008 noch die stärksten Befürworter der raschen Aufnahme der Ukraine und Georgiens in das Bündnis waren, zaudern sie derzeit ebenso wie Deutschland mit einem konkreten Beitrittszeitplan. Solange der Krieg andauert, ist ein Beitritt der Ukraine jedenfalls nicht zu erwarten. Würde die Ukraine noch während des Krieges in die NATO aufgenommen, würde Artikel 5 des Bündnisvertrags (Washingtoner Vertrag vom 4. April 1949) ausgelöst werden und alle NATO-Staaten müssten der Ukraine zu Hilfe kommen. Die USA, Deutschland oder Frankreich wären damit völkerrechtlich Kriegsgegner von Russland. Am NATO-Gipfel in Vilnius kam es deshalb zu einer Kompromisslösung: Die Ukraine wird zur NATO eingeladen werden, wenn sich alle Mitgliedsstaaten darüber einig sind. Das kann noch lange dauern.

So nachvollziehbar es auch ist, dass die Ukraine nicht in die NATO aufgenommen werden soll, solange der Krieg andauert, so sehr ist dies auch ein Anreiz für Russland, den Krieg lange weiterzuführen. Wenn ein Friedensschluss die Ukraine in die NATO führen sollte, wird das Interesse der russischen Führung an einer friedlichen Lösung noch geringer sein als ohnehin schon.

Alternativ verhandeln mehrere westliche Staaten seit geraumer Zeit über Sicherheitszusagen für die Ukraine. Sie wollen sich selbst verpflichten, die Ukraine langfristig militärisch, wirtschaftlich und finanziell zu unterstützen. Die Ukraine soll hochgerüstet werden, um Russland nach Ende des Krieges dauerhaft abschrecken zu können. Damit soll auch einem vermuteten Kalkül Putins entgegengewirkt werden, den Krieg in die Länge zu ziehen; Putin nimmt offenbar an, dass sich in vielen westlichen Staaten die Kriegsmüdigkeit verstärken wird; auch könnte mit der Wahl Trumps oder eines Trumpisten zum Präsidenten der USA im November 2024 die militärische und finanzielle Unterstützung deutlich

So nachvollziehbar
es auch ist,
dass die Ukraine
nicht in die NATO
aufgenommen werden
soll, solange
der Krieg
andauert, so sehr ist
dies auch ein Anreiz
für Russland,
den Krieg lange
weiterzuführen.

zurückgehen; wenn nicht schon lange vor den Wahlen. Daher sollen schon jetzt langfristige Verpflichtungen westlicher Staaten gegenüber der Ukraine festgezurrt werden.

Geopolitische Implikationen

Die USA, die NATO …

Der zentrale geopolitische Gewinner des Krieges sind die Vereinigten Staaten. Im Vordergrund steht natürlich die Unterstützung der Ukraine, die völkerrechtlich das Opfer einer illegalen russischen Aggression ist. Die USA zielen aber auch auf eine langfristige militärische, wirtschaftliche und technologische Schwächung Russlands ab. US-Verteidigungsminister Lloyd Austin sagte bereits im April 2022: »Wir wollen, dass Russland so weit geschwächt wird, dass es nicht mehr die Dinge tun kann, die es bei der Invasion der Ukraine getan hat.« (»*We want to see Russia weakened to the degree that it can't do the kinds of things that it has done in invading Ukraine.*«[23]) Für die USA ist die Unterstützung der Ukraine eine Möglichkeit, einen direkten Rivalen — Russland — langfristig zu schwächen, ohne einen einzigen Soldaten dafür einsetzen zu müssen. Das bekannte im September 2023 auch der republikanische Senator Lindsey Graham: »Wir zerstören die russische Armee, ohne auch nur einen US-Soldaten einzusetzen. […] Das ist eine gute Investition.« (»*We are destroying the Russian army without losing a single American soldier. […] This is a good investment.*«[24])

Nach dieser Logik haben die USA ein Interesse an einer vollständigen Niederlage (*strategic defeat*) Russlands oder, wenn dies nicht gelingt, an einem längeren Krieg, der Russland umso mehr schwächen würde. Manche Beobachter bestreiten das und argumentieren, dass die Kosten der Unterstützungsleistungen der Ukraine schmerzlich hoch seien; und sie sind politisch in den USA immer mehr umstritten. Bislang kann jedoch gesagt werden, dass die Kosten-Nutzen-Rechnung für die USA positiv ist. Verglichen mit den erreichbaren Zielen einer mittel- bis langfristigen Schwächung Russlands sind die aufgewendeten Kosten verkraftbar. Sollte den USA das gelingen, würde das für die Vereinigten Staaten bedeuten, dass sie sich auf ihren eigentlichen Konkurrenten des 21. Jahrhunderts konzentrieren können: auf die Volksrepublik China.

Ein einziges Mal — kurz nach Kriegsbeginn — äußerte sich US-Präsident Joe Biden über einen möglichen Regimewechsel in Russland. Bei einer Rede in Warschau im April 2022 sagte er in Bezug auf Putin: »Um Gottes willen, dieser Mann kann nicht an der Macht bleiben.« (*»For God's sake, this man cannot remain in power.«*[25]) Das Weiße Haus musste diese Äußerung im Nachhinein zurücknehmen und klarstellen, dass die innere Herrschaftsordnung Russlands nicht zur Disposition stünde. Ziel der USA in diesem Krieg ist demnach erklärtermaßen nicht ein Regimewechsel in Russland.

Die neu eingetretene Eiszeit zwischen den USA und Russland hat auch Auswirkungen auf Abkommen zur nuklearen Abrüstung. In den vergangenen Jahrzehnten wurden nahezu alle Abrüstungs- und Rüstungskontrollverträge von den USA und Russland aufgekündigt; es gibt nur noch einen einzigen Vertrag, den »New Start« von 2011, der eine Begrenzung der Sprengköpfe und Trägersysteme auf beiden Seiten vorsieht. Joe Biden und Vladimir Putin verlängerten diesen Vertrag im Februar 2021 um weitere fünf Jahre. In diesem Zeitraum sollte ein Folgeabkommen ausverhandelt werden. Diese Gespräche sind seit dem Krieg ausgesetzt. Mehr noch, Russland hat »New Start« suspendiert (auch wenn es diese Option im Vertragsrecht gar nicht gibt); es erlaubt keine Inspektionen des eigenen nuklearen Arsenals mehr und tauscht auch keine technischen Daten mehr aus. Russland ist damit streng genommen vertragsbrüchig. Bislang scheinen sich aber beide Seiten an die Obergrenzen einsatzbereiter Sprengköpfe und Trägersysteme zu halten. Es ist kaum realistisch, dass es den USA und Russland möglich sein wird, in der verbleibenden Zeit bis 2026 ein Nachfolgeabkommen zu unterzeichnen und zu ratifizieren.

Abschließend sei gesagt, dass die USA den Konflikt mit Russland und China gerne als Konflikt zweier Herrschaftsmodelle, Demokratie und Autokratie, darstellen. Es besteht kein Zweifel, dass Russland und China Diktaturen sind, doch es ist in dieser Hinsicht eine ideologische Überhöhung, eine strategische Rivalität zwischen Großmächten als ideologischen Konflikt zu bezeichnen. Der globale Westen arbeitet dabei auch mit autoritären Ländern zusammen — mit Vietnam, Azerbaijan und vielen anderen Ländern.

Eine weitere Konsequenz des Krieges ist, dass der Westen sichtbar zusammengerückt ist. Auch die NATO zeigt eine Geschlossenheit, die in den vergangenen Jahren nicht zu sehen war. Nicht nur, weil US-Präsident Donald Trump während seiner Amtszeit die Verpflichtungen der USA gegenüber den Alliierten immer wieder infrage gestellt hat, sondern auch, weil er einen Austritt aus der NATO in den Raum gestellt hat. Die krisenhafte Entwicklung wurde zudem durch die spektakuläre Niederlage der NATO in Afghanistan befeuert. Die Taliban führten im Juli und August 2021 einen Eroberungsfeldzug, der den vertraglich vereinbarten Abzug westlicher Truppen beschleunigte und zu einer überhasteten Flucht führte. Das führte zu einer veritablen Krise innerhalb des nordatlantischen Militärbündnisses, da die USA den anderen Ländern ihren beschleunigten Abzug zwar kommuniziert, aber eben nicht koordiniert hatten. Die europäischen NATO-Staaten mussten zudem feststellen, dass sie sich ohne US-Unterstützung ebenso rasch aus Afghanistan zurückziehen mussten; sie konnten nicht selbst für die Sicherheit ihrer Soldaten sorgen. Im Endeffekt wurde der Afghanistankrieg verloren, weil die 2001 vertriebenen Taliban nach zwanzig Jahren nun wieder an der Macht sind. Der Ukrainekrieg ließ diese Krise des Bündnisses vergessen. Die NATO hat damit wieder ihren alten Daseinszweck erhalten — die Territorialverteidigung des Bündnisgebietes.

In weiterer Konsequenz führte Putins Krieg auch dazu, dass die NATO substanzielle Kampftruppen permanent an ihrer Ostflanke zu stationieren begonnen hat und die Truppenkontingente in den Mitgliedsstaaten erhöht werden. Derzeit haben die USA rund 100.000 Soldaten und Soldatinnen in Europa stationiert, rund ein Viertel mehr als vor dem Krieg. Damit ist auch der Grundlagenvertrag zwischen der NATO und Russland aus dem Jahr 1997 Geschichte. Damals versicherte das westliche Bündnis, keinen Plan, keine Absicht und keinen Grund zu haben, in den neuen osteuropäischen Mitgliedsstaaten dauerhaft substanzielle Kampfverbände zu stationieren. Russlands Überfall hat dieses Abkommen zerstört; die NATO fühlt sich natürlich nicht mehr daran gebunden. Die Zahl der Truppen wird in den osteuropäischen NATO-Mitgliedsstaaten noch weiter steigen.

Es ist daher zulässig, von einer neuen militärischen Trennungslinie durch Europa zu sprechen, die der Ukrainekrieg bewirkt hat. Von der Ostgrenze Finnlands über die der baltischen Staaten, der Ostgrenze Polens, der Frontlinie in der Ukraine und der Ostgrenze der Republik Moldau zieht sich nun eine neue militärische Trennungslinie. Das ist eine Abkehr von den hoffnungsvollen Erwartungen, die im November 1990 in der »Charta von Paris für ein neues Europa« formuliert wurden; Ziel war damals ein Europa »whole and free«; davon werden wir viele Jahrzehnte entfernt bleiben.

Eine weitere Konsequenz ist die begonnene Norderweiterung des nordatlantischen Bündnisses. Wenige Monate nach Kriegsbeginn haben die seit vielen Jahrzehnten bündnisfreien Staaten Schweden und Finnland einen Antrag auf Beitritt gestellt. Die NATO hat rasch die Einladung an die beiden Staaten ausgesprochen, dem Bündnis beizutreten. Bei der Ratifizierung der Beitrittsprotokolle kam es aber zu großen Verzögerungen, weil Ungarn und die Türkei sich lange weigerten, die Beitrittsprotokolle von ihren Parlamenten absegnen zu lassen. Im Fall von Finnland gaben die beiden Länder nach Zusagen, v. a. in der Anti-Terror-Politik gegenüber der Türkei (ihr geht es um die PKK, die »Kurdische Arbeiterpartei«, die in der Türkei als Terrororganisation eingestuft ist), nach. Finnland ist nun seit April 2023 NATO-Mitglied. Der Beitritt Schwedens ist derzeit aber noch immer blockiert. Die Türkei möchte die schwedische Regierung zu einem heftigeren Vorgehen gegen die türkische PKK zwingen. Ungarn lehnte eine rasche Ratifizierung ab, weil Schweden die autokratischen Entwicklungen in Ungarn im Rahmen der EU immer wieder kritisiert hat.

Auf dem NATO-Gipfel in Vilnius im Juli 2023 wurde nach einem Treffen zwischen dem türkischen Präsidenten Recep Tayyip Erdoğan, dem schwedischen Ministerpräsidenten Ulf Kristersson und NATO-Generalsekretär Jens Stoltenberg verkündet, der Weg für einen schwedischen Beitritt sei nun frei. Trotzdem ist bislang keine Ratifizierung des Beitrittsprotokolls Schwedens erfolgt. Es ist offensichtlich, dass die Türkei ihre Position für eigene Zwecke ausnutzte. Die Türkei möchte neue F-16-Kampfflugzeuge von den USA ankaufen und ihren Bestand von 79 F-16 modernisieren. Im US-Kongress gibt es dagegen vehementen Widerstand. Die Zusage der Türkei dürfte wohl auf eine Zusage Bidens zurückgehen, der nun doch einen Verkauf von F-16 in den Raum stellte. Offen bleibt, ob Biden den Widerstand im Kongress überwinden kann. Dies ist mittlerweile noch unwahrscheinlicher, nachdem sich die Türkei im Konflikt zwischen Israel und der Hamas an die Seite der palästinensischen Terrororganisation gestellt hat. Der ungarische Ministerpräsident Orbán wiederum sagte im September 2023, die Ratifizierung des schwedischen Beitrittsprotokolls sei »nicht dringend«. Als dieses Buch geschrieben war, war Schweden noch immer nicht NATO-Mitglied.

Mit Finnland und möglicherweise auch Schweden gewinnt die NATO zwei Staaten mit leistungsstarken Streitkräften dazu, die die Sicherheit des Bündnisses deutlich stärken werden. Die Ostsee wird geradezu zu einem NATO-Meer, da abgesehen von Russland dann alle Küstenstaaten NATO-Mitglieder sind/sein werden. Das Baltikum wird dadurch leichter zu verteidigen sein. Der Krieg Russlands hat also dessen perzipierte Sicherheitslage deutlich verschlechtert.

Der andauernde Krieg in der Ukraine führt die Bündnismitglieder auch zu höheren Verteidigungsausgaben. Schon auf dem NATO-Gipfel in Wales im September 2014 hatten die Alliierten vereinbart, sich bis 2024 dem Ziel von Verteidigungsausgaben von 2 Prozent des Bruttoinlandsproduktes (BIP) anzunähern. Im Herbst 2023 erfüllen nur acht der 31 Mitglieder diese Vorgabe. Vor allem Deutschland, das sich zur europäischen Führungsmacht entwickeln will, liegt hier weit zurück. Auf dem NATO-Gipfel in Vilnius im Juli 2023 wurde nun beschlossen, dass 2 Prozent/BIP das Minimum der Verteidigungsausgaben der Mitglieder darstellen sollten. Die erhöhten Ausgaben für die Verteidigung werden entweder zu einer stärkeren Verschuldung der NATO-Staaten führen oder aber zu Umschichtungen oder gar Kürzungen im Bereich ziviler Ausgaben. Die Friedensdividende, die der Westen nach dem Zusammenbruch der Sowjetunion 1991 einstreifen konnte — also deutlich sinkende Militärausgaben nach dem Ende des Kalten Krieges —, fällt nun weg.

... die Europäische Union, Europa und die transatlantischen Beziehungen ...

Vermutlich werden die Auswirkungen des Ukrainekriegs neben zahlreichen anderen Faktoren zu einem Wohlstandsverlust in der Europäischen Union führen. In vielen Ländern stagniert das Wachstum des BIP oder geht, wie in Deutschland oder Österreich, sogar zurück; die Inflation ist u. a. durch die hohen Energiekosten und die Kosten der Umstellung von russischem Gas und Öl auf andere Gas- und Öllieferanten für die EU gestiegen. Nur die geldpolitischen Maßnahmen — die Anhebung des Leitzinses — haben die Inflation zurückgehen lassen. Damit geht aber die Gefahr einer noch schlechteren Wirtschaftsentwicklung einher, weil hohe Kreditzinsen Investitionen hemmen.

Der Krieg hat aber auch außenpolitische Kosten zur Folge. Es wurde erneut deutlich, dass die europäischen Staaten nicht imstande sind, sich selbst zu verteidigen. In der Bereitstellung von Sicherheit ist Europa auf die USA angewiesen, die weiterhin ein unverzichtbarer Sicherheitsgarant für die europäischen Alliierten sind und bleiben müssen. Nicht zuletzt aufgrund dieser strategischen Abhängigkeit sind die transatlantischen Beziehungen seit Kriegsbeginn wieder deutlich stärker geworden. Der globale Westen ist wieder geschlossener und bemüht sich, trotz mancher interner Differenzen über den Fortgang des Ukrainekrieges, diese Geschlossenheit nach außen zu demonstrieren. Diese transatlantische Einheit basiert aber wieder/noch mehr auf der Führungsrolle und Dominanz der USA. Von einer »europäischen Souveränität« oder von »strategischer Autonomie«, wie sie Frankreichs Präsident Emmanuel Macron in seiner berühmten Rede an der Universität Sorbonne 2017 eingefordert hat, wird nicht mehr viel übrig bleiben. Eine gemeinsame Armee der EU ist in noch weitere Ferne gerückt. Die Verteidigung Europas wird weiterhin im Rahmen der NATO erfolgen.

... China ...

Der zweite geopolitische Gewinner des Krieges ist China, wenn auch nicht im selben Ausmaß, wie es die Vereinigten Staaten sind. China profitiert von der tiefen Feindschaft zwischen Russland und dem Westen. Seit dem Zusammenbruch der Sowjetunion war man in Peking besorgt, dass ein neues Russland zu einem westlichen Bündnispartner (gegen China) werden könnte. Das hat sich erledigt. Russland hat keine engeren Partner unter den Großmächten als China. Russland ist dabei aber in einer abhängigen Rolle.

China erfährt durch den Krieg in der Ukraine auch Nachteile: Die bereits beschriebene militärische Abhängigkeit der EU von den USA bedeutet auch, dass die USA den Druck auf die europäischen Staaten verstärken werden, sich in der Konfrontation der USA mit China an die Seite der USA zu stellen. Die USA erwarten sich diese Unterstützung als Gegenleistung für den anhaltenden militärischen Schutz Europas. China könnte über kurz oder lang einem geschlossenen westlichen Block gegenüberstehen, der seinen Aufstieg zur

Seit dem
Zusammenbruch
der Sowjetunion
war man in Peking
besorgt, dass
ein neues Russland zu
einem westlichen
Bündnispartner (gegen
China) werden könnte.
Das hat sich
erledigt.

globalen Macht zu bremsen versucht. China bemüht sich aber seit Kriegsbeginn, Gesten an die EU zu machen (u.a. die Bereitschaft, im Krieg zwischen der Ukraine und Russland zu vermitteln), um die transatlantische Spaltung in der Chinapolitik aufrechtzuerhalten. So ist das Positionspapier Chinas zur Lösung des Krieges in der Ukraine vom Februar 2023 und die chinesische Vermittlungsmission, die daraufhin gestartet wurde, sicher auch ein Signal an die Europäer und wird von diesen mehrheitlich geschätzt.

… und der ganze Rest

Russland ist zwar vom Westen völlig isoliert, aber nicht global, schon gar nicht in den einkommensschwächeren Staaten des globalen Südens. Viele Staaten dort haben ein ambivalentes Verhältnis zu Russland und eine vorsichtige Haltung zum Krieg in der Ukraine. Es stimmt zwar, dass sich bei drei Resolutionen der Generalversammlung der Vereinten Nationen jeweils mehr als 140 Staaten für eine Verurteilung Russlands aussprachen, doch die restlichen 53 Staaten waren entweder — in ganz wenigen Fällen — auf der Seite Russlands oder enthielten sich ihrer Stimme oder nahmen an den Abstimmungen gar nicht teil. Im

Oktober 2023 wurde Russland zwar nicht in den Menschenrechtsrat der Vereinten Nationen gewählt, erhielt aber immerhin 83 Stimmen. Wir können daher nicht von einer globalen Isolation Russlands sprechen. Viele Staaten Afrikas, des Mittleren Ostens und Südostasiens sowie einige Länder Lateinamerikas wollen sich in keine neue Blockteilung im internationalen System einordnen und nehmen eine — unterschiedlich explizite — neutrale Rolle ein. Vor allem in Afrika wird auf der Basis der antikolonialen Ressentiments gegen den Westen darauf hingewiesen, dass der Westen verlange, dass Afrika sich für den Krieg in Europa interessieren solle, der Westen aber umgekehrt an Kriegen in Afrika nicht interessiert sei.

6

Die Zukunft Putins und die Vergangenheit Prigožins

Wie schon erwähnt, will die ukrainische Führung erst mit Putins Nachfolger über ein Kriegsende verhandeln. Das kann aber noch sehr lange dauern. Mit hoher Wahrscheinlichkeit wird sich Putin bei den Präsidentenwahlen im März 2024 wieder um das Amt des Präsidenten bewerben. Bei den »Wahlen« wird er zweifellos mit großer Mehrheit »gewählt« werden. Das würde ihm erlauben, das Amt bis 2030 innezuhaben. Die Verfassungsreform von 2020 erlaubt ihm sogar, 2030 erneut für das Präsidentenamt zu kandidieren. Bleibt er am Leben, könnte Putin also noch eine lange Herrschaftszeit vor sich haben.

Eine Massenrevolte von unten gegen den Krieg und gegen Vladimir Putin ist sehr unwahrscheinlich. Auch wenn die vorliegenden Umfragedaten mit Vorsicht zu genießen sind, wird Putins »Spezialoperation« immer noch von einer Mehrheit der Bevölkerung in Russland unterstützt. Nach Umfragedaten des, in Russland als »ausländischer Agent« geführten, renommierten Meinungsforschungsinstituts Levada-Zentrum wurde die »Spezialoperation« im September 2023 von 72 Prozent der Befragten unterstützt. Zugleich sagten nur 48 Prozent der Bevölkerung, sie würden diesen Krieg (sehr) aufmerksam verfolgen. 52 Prozent der Befragten plädierten für den Beginn von Verhandlungen. Gleichzeitig waren 70 Prozent überzeugt, dass der Krieg mit einem russischen Sieg enden wird.[26] Die Bevölkerungsgruppe, die schon vor dem Krieg für ein Ende von Putins Herrschaft war, die »kreative Klasse« der urbanen, jüngeren, besser gebildeten und besser verdienenden Russinnen und Russen, ist durch Emigration, Inhaftierungen und staatliche Repression stark geschwächt. Die hohen Haftstrafen für Äußerungen gegen den Krieg — bewertet als »Diskreditierung der Tätigkeit der russischen Streitkräfte« — schrecken die allergrößte Mehrheit davon ab.

Denkbar wäre eine Palastrevolte, ein Aufstand der inneren Führungsriege gegen Vladimir Putin. In den vergangenen Monaten nahmen zwar die Stimmen zu, die vor einer möglichen Niederlage Russlands warnen und hinterfragen, ob der Preis, den Russland für seinen Überfall zu zahlen habe, auch durch den möglichen Sieg gerechtfertigt werden könnte. Aber ein Bruch innerhalb der Führung ist bislang in keiner Weise erkennbar. Dazu wäre wohl eine desaströse Kriegsniederlage Russlands erforderlich, bei der Putin die Kontrolle über die 2014 besetzten Gebiete verliert. Den Verlust der Krim und der Hafenstadt Sevastopol könnte Putin politisch wohl kaum überleben.

So eine Palastrevolte würde das Verhältnis zum Westen allerdings nicht automatisch verbessern. Es gibt in Russland keinen dem Westen wohlgesinnten Politiker, der auch nur den Hauch einer Chance hätte, derzeit und auf absehbare Zeit das Präsidentenamt zu übernehmen. Viel wahrscheinlicher ist, dass Putins Nachfolge aus dem Sicherheitsapparat, den Geheimdiensten oder dem Militär kommt. Oft ins Spiel gebracht wird der Sekretär des Sicherheitsrates und frühere Direktor des Inlandsgeheimdienstes FSB Nikolaj Patrušev oder sein Sohn, der Landwirtschaftsminister Dmitrij Patrušev. Auch Alexander Bortnikov, seit 2008 Direktor des FSB, und der Gouverneur der Region Tula, Aleksej Djumin, werden immer wieder genannt. Es ist anzunehmen, dass all die Genannten Putins Politik weitgehend weiterführen würden. Russland würde immer noch vom Putinismus regiert werden, nur nicht mehr von Vladimir Putin selbst. Ein Regierungswechsel in Russland würde den Krieg allerdings vermutlich auch nicht beenden, es sei denn, er folgte auf eine russische Kriegsniederlage.

Es gibt seit Langem anhaltende Gerüchte, dass Putin krank sei. Manchmal ist von einer schweren Krankheit die Rede, bisweilen sogar von einer unheilbaren Erkrankung. Diese Gerüchte flammten nach Kriegsbeginn erneut auf, doch obwohl es sie seit zehn Jahren gibt, lebt Putin immer noch. Außer man glaubt an die Verschwörungstheorien, die behaupten, Putin sei längst tot und würde seitdem durch einen Doppelgänger ersetzt. Tatsächlich ist Putin am 7. Oktober 2023 71 Jahre alt geworden. Er ist damit älter als die durchschnittliche männliche Lebenserwartung bei Geburt, die in Russland derzeit bei 66,5 Jahren liegt. Natürlich wird seine Gesundheit engmaschig überwacht.

Es kann nicht ausgeschlossen werden, dass die Gerüchte über eine unheilbare Erkrankung bewusst gestreut werden — vor allem von ausländischen Nachrichtendiensten. Aber warum? Das System Putin baut auf eine absolute Abhängigkeit aller, die Macht, Einfluss und Reichtum besitzen, von Vladimir Putin. Gerüchte über ein mögliches Ableben Putins würden zu großer Unruhe innerhalb dieser Führungselite führen. Alle müssten sich fragen, wie es um ihren Einfluss und ihren Reichtum bestellt sein würde, sollte Putin nicht mehr der Staatenlenker sein.

Das Gerücht um Putin-Doppelgänger — aus Sicherheitsgründen, nicht um den Tod des russischen Präsidenten zu verbergen — lässt sich natürlich nicht verifizieren. Es ist durchaus möglich, dass in Situationen mit großen Menschenmengen, beim Händeschütteln und Gesprächen mit Bürgerinnen und Bürgern Doppelgänger eingesetzt werden. Die Verschwörungstheorie des toten Vladimir Putin ist dafür gänzlich unmöglich. Die Führungselite würde dieses Schauspiel nie unterstützen.

Jevgenij Prigožin

Ein wichtiger Akteur des russischen Krieges in der Ukraine war Jevgenij Prigožin, Anführer der privaten Militärfirma »Gruppe Wagner«. Der hatte ein sehr turbulentes Leben und verbrachte die Jahre zwischen 1981 und 1990 wegen Raub und räuberischer Erpressung im Gefängnis. Wie in den letzten Monaten bekannt wurde, dürfte er Putin seit Anfang der Neunzigerjahre gekannt haben, als Putin in der Sankt Petersburger Stadtverwaltung gearbeitet hat. Zu dieser Zeit begann Prigožin zusammen mit seiner Mutter, Geld mit Hotdog-Ständen zu verdienen. Später weitete er das Geschäft aus und eröffnete ein (danach mehrere) Restaurant(s). Weil Putin in diesem Nobelrestaurant einmal einen Staatsgast bewirtet haben soll, wurde Prigožin seitdem als »Putins Koch« bezeichnet.

Dank seines Naheverhältnisses zur russischen Führung konnte Prigožin ein Unternehmens- und Finanzimperium aufbauen, vor allem durch sein Concorde-Catering, mit dem er Streitkräfte, Schulen und Kindergärten versorgte. Auch im Bausektor konnte er durch viele Staatsaufträge ein großes Unternehmen aufbauen. Im Herbst 2022 gestand Prigožin dann selbst, was schon lange vermutet wurde. Er war Gründer und Finanzier der Internet-Trollfabrik (»Internet-Forschungsagentur«) in der Nähe von Sankt Petersburg, deren einzige Aufgabe es ist, Desinformationen und Gerüchte im Ausland zu verbreiten.

Der Geschäftsmann war zwar Günstling des Systems Putin, aber nie in der ersten Reihe der Macht. Endgültig ins internationale Scheinwerferlicht trat er während des Ukrainekrieges. Mit der Hilfe eines früheren Offiziers des Militärnachrichtendienstes GRU namens Dmitrij Utkin baute er 2013 eine Söldnerformation auf. Weil Utkin ein bekennender Neonazi und Anhänger der Musik von Richard Wagner war, nannten sie die

Söldnertruppe »Gruppa Vagnera«. Die Wagner-Gruppe wurde zunächst in engem Einvernehmen mit dem Verteidigungsministerium Russlands aufgebaut und ausgerüstet. Sie konnte einen militärischen Truppenübungsplatz in der südrussischen Region Krasnodar für militärisches Training verwenden, die Waffen lieferte das Verteidigungsministerium. Prigožin dementierte immer die Existenz von Wagner und ging gegen Journalisten vor, die ihn auf die Aktivitäten der Gruppe ansprachen.

Der erste Einsatz der Söldnertruppe, die vor allem aus früheren russischen Soldaten, insbesondere aus Spezialeinheiten, bestand, war im April 2014 in der Ostukraine. Dort heizten sie die lokale Unzufriedenheit an, inszenierten einen Aufstand und finanzierten separatistische Bewegungen, rüsteten sie aus und berieten sie. Der Einsatz von Freiwilligen und Söldnern, also auch der Gruppe Wagner, war Teil der russischen Destabilisierungsstrategie für die Ukraine. In den Jahren danach war Wagner in vielen Ländern aktiv: in Syrien, im Sudan, Tschad, in Mali, der Zentralafrikanischen Republik. Die Söldner waren für die Schmutzarbeit der russischen Außenpolitik zuständig, unterstützten den syrischen Diktator Bashar al-Assad und sicherten sich dabei Zugang zu syrischem Öl und Gas.[27]

Offiziell gibt es die Wagner-Gruppe nicht, da private Militärfirmen in Russland verboten sind. Dennoch führen sie Aufträge der russischen Regierung durch. Die russische Führung konnte sich daher immer von Aktivitäten dieser Miliz distanzieren. Im Zweifelsfall waren eben Söldner verantwortlich, die nichts mit Russland zu tun hätten, da private Militärfirmen verboten seien. So geschehen etwa im Februar 2018, als Wagner-Truppen in Syrien eine amerikanische Militärbasis angriffen. Die USA töteten dabei Hunderte russische Söldner. Die russische Führung sagte daraufhin, dass man diese Kämpfer nicht kenne und es natürlich auch keinen Auftrag der russischen Militärführung für diesen Einsatz gegeben habe.

Nach monatelangem Einsatz der Söldner im Krieg Russlands gegen die Ukraine erklärte Prigožin überraschend öffentlich, dass es die Wagner-Gruppe tatsächlich gebe und er deren Anführer sei. Prigožins Truppen waren ein wesentlicher Faktor für russische Erfolge in der Eroberung von ukrainischem Territorium, waren aber auch mitverantwortlich für die Kriegsverbrechen in Buča. Im Sommer 2022 hatte Prigožin damit begonnen, auch verurteilte Straftäter aus russischen Gefängnissen zu rekrutieren. Ihnen wurde Straffreiheit in Aussicht gestellt, wenn sie ein halbes Jahr in der Ukraine kämpften. Gefangene, die zusagten, nur um dann bei der ersten Gelegenheit zu fliehen, wurden von Wagner-Söldnern hingerichtet. Sie wurden mit Schlägen eines Vorschlaghammers auf den Kopf exekutiert. Videos davon wurden auf Telegram-Kanälen veröffentlicht, die mit der Wagner-Gruppe verbunden sind.[28]

Prigožin formulierte seit dem Herbst 2022 seine Kritik an der zivilen und militärischen Führung des Krieges — vor allem an Verteidigungsminister Šojgu und an Generalstabschef Gerasimov — immer härter und derber. Diese »Parkettgeneräle«, so seine Wortwahl, wären völlig inkompetent, den Krieg in der Ukraine zu führen; sie hätten das Leben vieler junger russischer Soldaten zu verantworten, die durch fehlerhafte strategische und taktische Entscheidungen sinnlos ums Leben gekommen wären. Immer wieder kritisierte Prigožin auch ausbleibende ausreichende Munitions- und Waffenlieferungen des russischen Verteidigungsministeriums an die

Es war daher auch Führungsversagen Putins, als Prigožin am 23. Juni 2023 eine Meuterei startete und mit Tausenden seiner Kämpfer Richtung Moskau marschierte.

Kämpfer der Gruppe Wagner. Putin hat diesen offenen Streit lange zugelassen und nicht eingegriffen. Es war daher auch Führungsversagen Putins, als Prigožin am 23. Juni 2023 eine Meuterei startete und mit Tausenden seiner Kämpfer Richtung Moskau marschierte. Auslöser der Meuterei war ein Erlass des russischen Verteidigungsministeriums von Anfang Juni 2023, wonach sich alle paramilitärischen russischen Verbände, eben auch Wagner, dem Verteidigungsministerium unterordnen müssten. Prigožin lehnte das strikt ab und holte zum Gegenschlag aus. Ziel der Meuterei war nicht der Sturz Putins, sondern die Absetzung von Generalstabschef Valerij Gerasimov und Verteidigungsminister Sergej Šojgu. Schon nach einem Tag aber wurde die Meuterei abgebrochen. Unter Vermittlung des belarussischen »Präsidenten« Lukašenka wurde den meuternden Kämpfern und Prigožin freies Geleit nach Belarus und Straffreiheit zugesichert.

Die Meuterei war aber nicht nur das Ergebnis von Führungsversagen Putins, sondern offenbarte auch einen teilweisen Kontroll- und Realitätsverlust und ein geschwächtes Urteilsvermögen des Präsidenten. Die Meuterei wurde in der Umgebung Putins als Schwächezeichen gedeutet. Daher war von Anfang an klar, dass Putin Prigožin liquidieren musste, um die Anzeichen von Schwäche zu beseitigen. Am 23. August 2023 kamen Prigožin und weitere Führungsmitglieder der Gruppe Wagner, darunter auch Dmitrij Utkin, bei einem Flugzeugabsturz nördlich von Moskau ums Leben. Es ist nicht belegbar, aber ziemlich wahrscheinlich, dass dies ein Auftragsmord Putins gewesen ist. In einem Interview mit Putin vor mehreren Jahren war er vom Journalisten gefragt worden, ob er vergeben könne. Putin hatte das bejaht, meinte aber auch, eines könne er nicht vergeben, nämlich Verrat. Für Putin war die Meuterei Prigožins Verrat. Die genauen Umstände des Flugzeugabsturzes werden wir wohl niemals erfahren.

Mit diesem mutmaßlichen Mord konnte Putin seine Stellung im russischen Führungskreis wieder stabilisieren. Die Tat war auch eine Warnung an alle anderen Mitglieder der Elite: Putin demonstrierte, womit sie zu rechnen haben, sollten sie sich gegen ihn stellen. Größter Profiteur der Ausschaltung Prigožins war der Oberkommandierende der Russischen Nationalgarde (Rosgvardija) Viktor Zolotov, ein ehemaliger Leibwächter von Putin. Wagner-Kämpfer wurden in die Garde integriert, die Garde ist nun besser militärisch ausgerüstet und auch aktiv am Kriegsgeschehen in der Ukraine beteiligt.

Ausblick

Es ist nicht seriös prognostizierbar, wie lange dieser Krieg noch dauern wird. Dafür gibt es zu viele unwägbare Variablen. Als dieses Buchmanuskript beendet wurde, gab es jedenfalls keinerlei Perspektiven für ein Kriegsende. Vieles deutet darauf hin, dass die russische Führung auf einen lang andauernden Krieg setzt. Ein Hinweis dafür ist die Verteidigungsplanung für das Jahr 2024. Im Budgetentwurf ist dabei eine Steigerung der Militärausgaben um 68 Prozent vorgesehen. Gemessen am erwarteten russischen Bruttoinlandsprodukt, werden das ca. 6 Prozent sein.[29] Putin dürfte wohl auch darauf hoffen, dass die Kriegsmüdigkeit im Westen — auf der Ebene der Politik wie auf der Ebene der Bevölkerungen — zunehmen könnte. Wird Russland mehr Ressourcen für die Fortsetzung des Krieges aufbringen können als der globale Westen? Wohl eher nicht; die entscheidende Frage ist, wie lange der Westen Ressourcen an die Ukraine zur Verfügung stellen *will*. Wie aber mit einem fortdauernden Krieg umgehen?

Die westliche Regierungskommunikation war und ist, dass die Ukraine in diesem Krieg unser aller Freiheit verteidigt. Daher müssten westliche Staaten die Ukraine unbedingt vollumfänglich unterstützen. So brutal die russische Aggression auch ist — das stimmt nicht wirklich. Oft wird argumentiert, Russland werde bei einem Sieg über die Ukraine auch andere Staaten angreifen, Moldova, die baltischen Staaten oder Polen. Für Moldova besteht diese Gefahr durchaus, für die nordosteuropäischen NATO-Mitglieder aber ziemlich sicher nicht. Nicht, dass die russische Führung nicht Ambitionen hätte, ihren Expansionismus weiter auszudehnen. Aber diese Ambitionen sind nicht durch realistische Möglichkeiten unterfüttert. Russland hat schlichtweg nicht die militärischen Fähigkeiten, um ein NATO-Mitgliedsland anzugreifen. Diese Sicht wird aber weiterhin ungebrochen von den Gegnern einer Verhandlungslösung in diesem Krieg vertreten. Auch die ukrainische Führung bedient dieses Narrativ: die Ukraine als erste Verteidigungslinie gegen ein großes Projekt russischen militärischen Expansionismus.

Ein militärischer Sieg Russlands würde aber zweifellos die internationale Ordnung erschüttern: Die damit verbundene Verletzung der zentralen Völkerrechtsnorm des Gewaltverbots würde Dämme weiter einreißen, die auch schon durch andere Großmächte wie die USA beschädigt worden sind. Eroberung von Territorium durch Gewalteinsatz wäre eine nachhaltige Beschädigung des Völkerrechts und bedeutete eine Wiederkehr der Dominanz von Großmächten in ihren Hinterhöfen.

Den Befürwortern einer Waffenruhe ist zu sagen, welche Gefahren für die ukrainische Zivilbevölkerung in den von Russland besetzten Gebieten damit verstetigt würden. Jede Waffenruhe müsste (allerdings schwer zu implementierende) starke Garantien für die Bevölkerung in den Besatzungszonen bieten. Selbst wenn unter diesen Bedingungen eine Waffenruhe zustande käme, würde das derzeit eher russischen Interessen entgegenkommen. Ein Einfrieren des Konflikts entlang der gegenwärtigen Frontlinie würde es der russischen Seite erlauben, ihre Besatzung zu institutionalisieren und zu festigen. Zudem bestünde die Gefahr, dass Russland eine Feuerpause nutzen könnte, seine Armee zu regenerieren, neues Personal zu trainieren, Waffen und Munition in kriegserforderlicher Anzahl zu produzieren. Darauf könnte möglicherweise in einigen Jahren eine neue russische Aggression gegen die »Restukraine« folgen. Daher müsste bei einer Einigung auf eine Waffenruhe die Ukraine militärisch hochgerüstet werden, um eine dauerhafte Abschreckung gegen eine neuerliche russische Invasion zu gewährleisten.

Trotz all dieser Vorbehalte gegen eine Waffenruhe ist sie wohl unvermeidlich, um eine wie auch immer geartete Friedenslösung vorbereiten und verhandeln zu können. Freilich nicht, wenn eine Kriegspartei sich vollständig militärisch durchsetzt; das ist derzeit aber nicht wahrscheinlich. Zu Recht darf aber die Frage gestellt werden, ob eine Friedenslösung möglich ist, solange Putin russischer Präsident ist.

Ein weiterer wichtiger Diskussionspunkt ist, wie die politische Stabilität Russlands sich entwickeln würde, wenn Russland den Krieg in der Ukraine verliert. Wie schon gesagt, sehe ich für Putin ein Ende seiner Herrschaft, sollte Russland den Zugriff auf die Krim und Sevastopol verlieren. Welches Ausmaß einer Niederlage aber könnte er überleben? Angesichts der Dürre an Informationen aus dem inneren Führungskreis Russlands kann das kaum beantwortet werden.

Annäherungsweise kann vermutet werden, dass sich der Widerstand gegen Putin in der Führungsriege deutlich steigern würde, sollte Russland letztlich nicht mehr ukrainisches Territorium erobert haben, als es vor der Invasion im Februar 2022 kontrolliert hat. Doch ein solches Szenario könnte Putin zumindest vorübergehend politisch überleben.

Auch im Falle einer dramatischen Niederlage Russlands ist eine Massenrevolte unwahrscheinlich. Ein innerrussischer Bürgerkrieg und der Zerfall des Staates in mehrere Teile sind sehr unwahrscheinlich; auch wenn manche Beobachter unter dem Stichwort »Dekolonialisierung« den Zerfall Russlands herbeiwünschen. Politische Instabilität könnte aber um sich greifen, wenn die Auswahl eines Nachfolgers für Putin sehr konflikreich werden würde. Würden sich die einzelnen Fraktionen ungezügelt über Ressourcen und Macht streiten, wäre eine Phase innerer Unruhe in Russland durchaus möglich. Diese Unruhe würde aber auch dann in ihrem Ausmaß begrenzt sein.

Könnte die Ukraine Russland eine strategische Niederlage beifügen, bliebe eine umstrittene Frage: wie mit der Krim umzugehen wäre. Die Krim und Sevastopol sind völkerrechtlich außer

Zweifel Territorium der Ukraine. Wie aber würde die Bevölkerung auf der Krim eine Rückkehr unter die effektive Kontrolle des ukrainischen Staates auffassen? Wäre eine deutliche Mehrheit für das Verlassen der Russischen Föderation? Wohl kaum, wobei festzuhalten ist, dass die repressive russische Handhabung der Interessen von ethnischen Minderheiten auf der Krim zur Flucht von Tausenden Menschen beigetragen hat. Sollte der Westen Druck auf die Ukraine ausüben, über die Zugehörigkeit der Halbinsel ein — international überwachtes — Referendum durchzuführen? Schwer vorstellbar, sollte die ukrainische Armee irgendwann tatsächlich die militärische Kontrolle über die Krim erlangen. Welcher Anreiz sollte die Ukraine dann noch überzeugen, eine international überwachte Volksabstimmung durchführen zu lassen? Und wie würde die Ukraine mit Kollaborateuren auf der Krim umgehen? Die russische Bevölkerung jedenfalls hängt noch immer an der Losung »Krym naš«, »die Krim ist unser«.

Der barbarische Terrorüberfall der radikalislamischen Hamas auf Israel am 7. Oktober 2023 hat die globale Lage erheblich dramatisiert. Israel nimmt das Recht auf Selbstverteidigung wahr, das dem Land, natürlich unter Wahrung der Normen des humanitären Völkerrechts, zusteht. Wenn dieser Krieg lange andauern sollte, wird sich die politische, finanzielle und militärische Aufmerksamkeit des globalen Westens von der Ukraine nach Israel verlagern. Die ukrainische Führung fürchtet zu Recht, mit Israel in eine »Ressourcenkonkurrenz« zu geraten. Ein langer Krieg im Nahen Osten käme Russland daher sehr gelegen. Das bedeutet aber nicht, dass Russland, wie von manchen Beobachtern behauptet, die Hamas angestiftet habe, Israel zu überfallen. Wir haben dafür schlichtweg keine Belege, auch wenn die russische Führung ein gutes Verhältnis zur Hamas pflegt. Gegen eine russische Anstiftung spricht das Interesse des Landes, mit Israel gute Beziehungen aufrechtzuerhalten. Israel, vor allem unter der neuerlichen Regierung Netanjahu, hat sich mit Waffenlieferungen an die Ukraine stark zurückgehalten und trägt die westlichen Sanktionen gegen Russland nicht mit. Israel hat auch ein Interesse an kooperativen Beziehungen mit Russland. Russland gibt Israel schließlich freie Hand, mit seiner Luftwaffe gegen iranische und schiitische Milizstellungen in Syrien vorzugehen.

Abschließend sei noch erwogen, ob wir Putin tatsächlich (noch) als rationalen Akteur ein-

Die ukrainische
Führung fürchtet
zu Recht,
mit Israel in eine
»Ressourcenkonkurrenz« zu geraten.
Ein langer Krieg
im Nahen Osten
käme Russland daher
sehr gelegen.

stufen können. Wohl nur bedingt. Die Invasion in der Ukraine war sicherlich ein strategischer Fehler. Die geopolitischen Ambitionen Putins haben Russland wirtschaftlich, finanziell, technologisch und diplomatisch geschwächt; und das wohl auf lange Zeit. Wäre Putin völlig rational in seinem Handeln und in seinen Entscheidungen, hätte er diesen Krieg nicht beginnen dürfen. Ein Gegenargument wäre, Putins Kriegsentscheidung sei rational gewesen, jedenfalls basierend auf den Fehlinformationen, die ihm zur Verfügung standen. Es ist nicht zu entscheiden, ob Putin bisweilen irrational handelt oder sich in einer Informationslücke befindet, die die Entscheidungen für ihn rational macht, die aber — objektiv betrachtet — irrational sind. Dabei ist die Einschätzung der Rationalität oder Irrationalität Putins von großer Bedeutung für die Einschätzung von möglichen Kompromisslösungen in diesem Krieg. Die Wahrscheinlichkeit eines Verhandlungskompromisses steigt, wenn Putin grundsätzlich noch immer rational entscheidet.

Der Krieg ist jedenfalls eine Tragödie, allen voran für die Opfer, freilich auch für Russland, auch wenn sie für das Angreiferland selbst gewählt ist. Opfer des Krieges ist aber auch die europäische Sicherheitsordnung. Durchgesetzt hat sich hier die Auffassung, wonach es nicht mehr darum gehe, Sicherheit *mit* Russland zu suchen, sondern Sicherheit *vor* Russland. Nicht absehbar ist, wann Russland tatsächlich wieder zu einem Pfeiler der europäischen Sicherheit werden kann. Derzeit ist Russland eine Bedrohung. Aber auch dieser Zustand hat seine Vorgeschichte.

Anmerkungen und Quellen

1 Namen von Personen und Orten werden nach der wissenschaftlichen Umschrift in die deutsche Sprache wiedergegeben. Nur ausnahmsweise geht das Buch davon ab, um die Wiedererkennbarkeit für die Allgemeinheit zu unterstützen.

2 Siehe dazu die aktuellen Informationen und den Ursprung der Östlichen Partnerschaft: https://www.eeas.europa.eu/eeas/eastern-partnership_en, abgerufen am 30.8.2023.

3 Siehe dazu: Krökel, Ulrich. Janukowitsch besteht die Mutprobe nicht. In: *Zeit Online*, 29.11.2013 (https://www.zeit.de/zustimmung?url=https%3A%2F%2Fwww.zeit.de%2Fpolitik%2Fausland%2F2013-11%2Fjanukowitsch-osteuropa-europaeische-union%2Fseite-2, abgerufen am 25.10.2023).

4 Aufgrund der besseren Lesbarkeit wird im Buch fortan »Kiev« verwendet.

5 Angaben nach: https://www.bruegel.org/blog-post/ukraine-trade-reorientation-russia-eu, abgerufen am 30.8.2023.

6 Putin, Vladimir: On the Historical Unity of Russians and Ukrainians. www.kremlin.ru, 12.7.2021, abgerufen am 7.3.2022 (englisch).

7 Siehe die Aussagen unter: https://www.NATO.int/cps/en/NATOhq/opinions_218172.htm auf der offiziellen Seite der NATO.

8 Siehe dazu: Lau, Jörg; Thumann, Michael. Diplomatie unter Feuer. In: *Die Zeit*, 16.03.2022 (https://www.zeit.de/zustimmung?url=https%3A%2F%2Fwww.zeit.de%2F2022%2F12%2Frussisch-ukrainische-verhandlungen-diplomatie-krieg, abgerufen am 17.9.2023).

9 Ebel, Francesca. Arrest of ex-FSB agent signals Kremlin crackdown on Russia's hawks. In: *The Washington Post*, 6.11.2023 (https://www.washingtonpost.com/world/2023/11/05/russia-fsb-strelkov-kremlin-putin/, abgerufen am 6.11.2023). Es ist anzunehmen, dass die russische Führung durch diese Verhaftung Girkins Antreten bei den russischen Präsidentenwahlen im März 2024 verhindern will.

10 Lumetsberger, Sandra. Ausspucken wie Mücken. In: *Der Tagesspiegel*, 19.3.2022 (https://www.tagesspiegel.de/politik/aufruf-zu-sauberungen-putin-schmaht-pro-westliche-russen-als-abschaum-4785850.html, abgerufen am 7.11.2023).

11 Meheut, Constant; Jakes, Lara. Western Leaders Urge Arms Manufacturing in Ukraine. In: *The New York Times*, 29.9.2023 (https://www.nytimes.com/2023/09/28/world/europe/ukraine-arms-manufacturing-NATO.html, abgerufen am 29.9.2023).

12 Neuhann, Florian. Hat Baerbock Russland den Krieg erklärt? In: ZDF *heute*, 26.1.2023 (https://www.zdf.de/nachrichten/politik/annalena-baerbock-kriegserklaerung-ukraine-krieg-russland-100.html, abgerufen am 3.10.2023).

13 Gutschker, Thomas. EU-Außenminister sichern in Kiew weitere Unterstützung zu. In: *Faz.net*, 3.10.2023 (https://www.faz.net/aktuell/politik/ausland/eu-aussenminister-sichern-ukraine-weiter-unterstuetzung-zu-19216382.html?printPagedArticle=true#pageIndex_2, abgerufen am 3.10.2023).

14 Schuller, Konrad. Russland baut immer mehr Panzer. In: *Frankfurter Allgemeine Zeitung*, 30.9.2023 (https://www.faz.net/aktuell/politik/ausland/ukraine-krieg-russland-baut-immer-mehr-panzer-19210742.html?printPagedArticle=true#pageIndex_2, abgerufen am 30.9.2023).

15 »Russian oil and gas budget revenues almost halved in the first half of the year«. *Reuters*, 5.7.2023 (https://www.reuters.com/business/energy/russian-oil-gas-budget-revenues-almost-halved-january-june-2023-07-05/, abgerufen am 24.9.2023).

16 Handel zwischen EU und Russland eingebrochen. In: *Deutschlandfunk.de*, 4.3.2023 (https://www.deutschlandfunk.de/handel-zwischen-eu-und-russland-eingebrochen-104.html, abgerufen am 26.9.2023).

17 Hulse, Carl; Edmondson, Catie. Money for Ukraine at the Center of Senat Bid to Avert Shutdown. In: *New York Times*, 26.9.2023 (https://www.nytimes.com/2023/09/25/us/politics/senate-shutdown-ukraine.html, abgerufen am 26.9.2023).

18 »War in Ukraine: which European countries host the most refugees?« In: *Euronews*, 20.9.2023 (https://www.euronews.com/2023/09/20/war-in-ukraine-which-european-countries-host-the-most-refugees#:~:text=According%20to%20UNHCR%20figures%2C%20more,border%20Member%20States%20and%20Moldova, abgerufen am 23.9.2023).

19 https://www.zdf.de/nachrichten/politik/olaf-scholz-interview-was-nun-ukraine-krieg-russland-100.html, abgerufen am 25.10.2023.

20 Siehe dazu: NBC, U.S., European officials broach topic of peace negotiations with Ukraine, sources say, 4.11.2023 (https://www.nbcnews.com/news/world/us-european-officials-broach-topic-peace-negotiations-ukraine-sources-rcna123628, abgerufen am 10.11.2023).

21 Für diese Aussage wurde Zalužnyj von Präsident Selenskyj heftig kritisiert. Es gäbe keinen Stillstand. Mit Viktor Chorenko wurde unmittelbar danach ein wichtiger Stellvertreter von Zalužnyj entlassen. Es ist schwer zu sagen, ob das Bruchlinien in der zivilen oder zwischen der zivilen und der militärischen Führung der Ukraine ausdrückt. Siehe dazu: The commander-in-chief of Ukraine's armed forces on how to win the war, 1.11.2023 (https://www.economist.com/by-invitation/2023/11/01/the-commander-in-chief-of-ukraines-armed-forces-on-how-to-win-the-war, abgerufen am 3.11.2023).

22 https://www.businessinsider.com/blinken-slams-russia-military-2nd-strongest-in-ukraine-2023-6?op=1, abgerufen am 25.8.2023.

23 https://edition.cnn.com/2022/04/25/politics/biden-administration-russia-strategy/index.html, abgerufen am 25.10.2023.

24 https://obrazkowo.pl/6f6fc2eb658246a9e60bdc2a442774ba/Senator-L-GrahamWe-are-destroying-the-russian-army-without-losing-a-single-US-soldier-In-18-months-the-Ukrainians-regained-half-of-their-territories-and-not-a-single-American-died-The-russian-economy-is-falling-apart-The-ru-army-has-been-destroyed-This-is-a-good-investment, abgerufen am 2.10.2023.

25 https://www.npr.org/2022/03/26/1089014039/biden-says-of-putin-for-gods-sake-this-man-cannot-remain-in-power, abgerufen am 25.10.2023.

26 https://www.levada.ru/2023/10/03/konflikt-s-ukrainoj-otsenki-sentyabrya2023-goda/?utm_source=mailpoet&utm_medium=email&utm_campaign=newsletter-post-title_81, abgerufen am 25.10.2023.

27 https://www.aljazeera.com/news/2022/8/10/wagner-private-group-now-an-extension-of-russias-military, abgerufen am 25.10.2023.

28 https://www.theguardian.com/world/2022/nov/14/family-expresses-horror-at-video-of-killing-of-russian-wagner-group-defector, abgerufen am 25.10.2023.

29 Luzin; Pavel; Prokopenko, Alexandra. Russia's 2024 Budget Shows It's Planning for a Long War in Ukraine. Carnegie Endowment for International Peace, 13.10.2023 (https://carnegieendowment.org/politika/90753?utm_source=rssemail&utm_medium=email&mkt_tok=ODEzLVhZVSooMjIAAAGOvZlpG7n383SOMWkouKEUfHPExbmtGxOKdQffb6kVWQgdUtubPfmXhxWBUVMqC_9M5qcG4A8itEKPCiLDpOvSJGs7-tRImoobbj5TvmBq, abgerufen am 15.10.2023).

Der Autor

Gerhard Mangott ist Professor für Politikwissenschaft mit den Schwerpunkten Internationale Beziehungen und Sicherheit im postsowjetischen Raum an der Universität Innsbruck. Von 2009 bis 2016 war er auch Scientific Adviser on Post-Soviet Affairs am Österreichischen Institut für Internationale Politik (OIIP) in Wien.

Die Analysen des ausgewiesenen Russland-Experten sind besonders seit dem Beginn des russischen Krieges in der Ukraine hoch gefragt. Über 800 Interviews gab er allein im Jahr 2022.

Impressum

Liebe Leser*innen,
bleiben wir in Verbindung!
Wir freuen uns auf Ihre Anregungen, Kritik und Wünsche.

leserbrief@brandstaetterverlag.com

Für Informationen und weitere Titel
aus der Reihe **Auf dem Punkt** besuchen Sie

2. Auflage, 2024

ISBN 978-3-7106-0691-5

Papier: Salzer EOS 1,5-fach (FSC®- und PEFC-zertifiziert)
Gedruckt in der EU.

Grafische Gestaltung: Capitale Design Studio
Schriften: Grotta, Novel Pro
Redaktionelle Mitarbeit: Patrick Krammer
Lektorat: Joe Rabl
Projektleitung: Judith E. Innerhofer

Wir tragen Verantwortung

Aus diesem Grund haben wir uns auf den Weg gemacht, um unseren Einfluss auf das Klima und auf den Planeten zu minimieren. Anstelle von Kompensationszahlungen, und über die üblichen Umweltlabel hinausgehend, haben wir uns das Ziel gesteckt, den CO_2-Ausstoß auf allen Ebenen signifikant zu verringern — entlang der gesamten Wertschöpfungskette von der Idee bis zum Buch in Ihren Händen. Mehr Informationen finden Sie unter

www.brandstaetterverlag.com/nachhaltigkeit